실전 검도와 스포츠 심리학

실전 검도와 스포츠 심리학

| 초판 인쇄 2010년 7월 7일 | 초판 발행 2010년 7월 10일 | 지은이 임철호 | 펴낸이 임용호 | 편집 심미란, 김연수 | 디자인 푸른서울 | 펴낸곳 도서출판 종문화사 | 인쇄 (주)한영문화사 | 제본 (주)한영문화사 | 출판 등록 1997년 4월 1일 제22-392 | 주소 서울시 마포구 서교동 474-27 2층 | 전화 02)735-6893 | 팩스 02)735-6892 | E-mail jongmhs@hanmail.net | 값 15,000원 | ⓒ 2010 Jong Munhwasa printed in korea | ISBN 978-89-87444-84-0-13180 | 잘못된 책은 바꾸어 드립니다.

실전 검도와
스포츠 심리학

임철호 지음

종문화사

들어가는 글

20년 전 두근거리는 가슴을 안고 검도의 길道로 들어섰다. 탐닉하 듯 몰입한 검도 세계는 무척이나 매력적이고 무한한 깊이를 간직하고 있었다. 희미한 어둠 속에서 여명은 멀리 퍼져가는 새벽 기합소리에 활 짝 열리고 하루의 활동 에너지가 충만되었다. 검도의 길을 가는 과정에 수없이 경험하는 걸림돌이 있었지만 오히려 쇠를 강하게 담금질 하듯 검도에 대한 애정을 더욱 두텁게 만들었다. 숨이 넘어갈 듯 고된 수련 을 견디는 극한의 인내심 뒤에 몸 깊숙이 스며드는 짜릿한 희열에서 검 도의 본질이 무엇인가를 스스로 체득하였다. 검도는 신체의 교육보다 신체를 통한 교육이다. 즉 검술을 통한 인간 수양이라 정의할 수 있다. 선조들은 검도수련을 통해 검선일치劍仙一致의 깨달음을 추구하면서 신 체의 단련뿐 아니라 자아 완성을 궁극적인 목적으로 삼았다.

급변하는 산업사회의 기계문명과 물질주의 가치관, 집단 이기주의 와 인간소외의 부작용이 팽배하면서 건전한 정신세계가 점점 상실되고 있다. 하지만 심신단련과 인격수양이라는 삶의 철학을 가슴에 품고 열 정적으로 수행의 길을 묵묵히 걷고 있는 검우劍友들이 항상 곁에 있어 행복하다.

오늘날 검도는 경기화되면서 정신수양과 함께 스포츠의 한 종목으 로 많은 대중들이 쉽게 접근하여 즐겁게 수련하고 있다. 현대인들은 일 상의 복잡한 생활 속에서 검도수련을 통하여 건강한 체력관리와 축적되는 스트레스를 충분히 해소하면서 풍부하고 행복한 삶을 유지하고 있다.

　그러나 검도는 경쟁스포츠로 제한된 시간과 공간에서 상대와 대적하며 뛰어난 기술과 강인한 체력 그리고 섬세한 심리기술을 역동적으로 변화시켜 승부를 결정한다. 그러므로 우수선수는 훌륭한 검도수행을 위하여 규칙적인 생활 속에서 고도의 기술과 체력의 지속적 수련을 해야 한다.

　일반인들은 일상의 바쁜 생활 속에서 여가 시간을 활용하여 검도를 수련하므로 그 강도나 운동량이 엘리트 선수보다 상당히 부족한 현실이다. 경기에서 만족스러운 자신의 기량을 충분히 발휘하기에는 역부족이 당연하지만 검도를 사랑하는 열정과 자부심은 누구보다도 깊고 강하다. 그래서 실망스러운 경기결과에 대해 자기 폄하적인 시합반성과 후회 속에서 많은 스트레스로 인해 검도의 매력이 반감되기도 한다.

　검도를 사랑하는 검우들은 경기수행 후 평소 자신의 잠재적 실력을 충분히 발휘하지 못한 아쉬움과 부족한 기량에 스스로 실망한다. 도장에서 타격대나 동문을 상대로 단순 기술연습이나 상호연습을 할 경우 자연스럽게 다양한 기술과 모범적인 동작이 가능하다. 하지만 역동적인 시합에서 긴장되고 경직된 신체는 이상적이고 익숙한 동작과 아주 거리가 먼 미숙한 동작을 연출하고 만족스러운 기술을 제대로 펼치지 못한다. 손목, 머리 등 연속적인 동작의 노련한 기술 구사가 거의 불가능하다. 결국 평소 수련한 잠재적 기량을 극대화시키지 못하고 반복적인 단발의 기술로 경기내용을 이어간다.

긴박한 시합에서 발생되는 지나친 경쟁심리는 부정적인 정서(경직된 신체와 불안, 긴장, 초조 등)를 촉진시켜 선수들에게 신체의 유연성 부족과 전체 경기흐름을 냉철하게 파악하는 주의집중의 시야를 좁게 만든다. 신체의 섬세한 움직임에 있어서 강약의 리듬을 효율적으로 타지 못하면 체력이 빠르게 소모되고 지구력이 급격히 저하된다. 그리고 민첩한 선先의 공격과 공격에 대한 공방불이攻防不二의 순발력을 둔화시켜 날카로운 역습의 반응이 더욱 어려워진다. 승패를 가늠하는 경쟁 시합에서 승리 아니면 패배를 경험하지만 경기내용을 되새겨보면 언제나 평소 자신의 실력을 충분히 구사하지 못한 부족함을 느낀다.

'84 L.A. 올림픽 유도 결승전에서 통쾌한 1판승으로 영광의 금메달을 조국에 헌정한 선수이자, 저자의 스포츠심리학을 지도하는 하형주 교수님은 스포츠심리학 강의시간에 '가장 훌륭한 스포츠심리기술은 충분한 연습량이다' 는 것이다. 철저히 연습하는 과정에서 기술의 숙달과 자신감이 충만되어 경기에서 자신의 기량을 최대로 발휘할 수 있다는 실천적 심리기술을 언급하였다. 많은 연구에서도 연습과 기량이 부족한 선수들이 경기에서 부정적인 경쟁심리(긴장, 불안, 초조 등)가 높다고 제시한다.

여기에 일상의 바쁜 삶을 영위하면서 성실한 수련과 각종 대회의 실제 체험 속에서 자신들의 시합방법을 축적하여 만족스러운 경기력과 경기결과를 획득한 사회인 검우劍友들이 있다. 비록 이들은 고단자 선생님들의 깊고 무궁한 가르침에는 아직 미치지 못한다. 하지만 긴박하고 역동적인 경기상황에서 효과적인 경쟁심리의 조절과 다양한 기술을 효과적으로 구사驅使하여 일생동안 가슴에 간직되는 감동을 남겼다. 이 과정을 철저히 분석하여 그 기술과 감동을 공유하고자 한다. 이러한 되새김은 비슷한 수련 환경의 사회인들에게 실력을 최대한 발휘할 수 있는 저력이 되고 역량을 넓혀 검도의 큰길大道로 안내하는 즐거운 길잡이가 될 것이다.

검도이론은 다양한 상황의 원리와 이치를 논리적 체계를 세워 설명한다. 초보자부터 경험을 축적한 상급자들이 자신의 경험을 반성하면서 이론을 탐구한다면 그 심오한 깊이를 깨닫고 한층 성숙된 검도의 길을 발견할 것이다. 그리고 한정적인 검의 역사보다는 인류 역사의 변화와 발전 속에 함께 호흡하고 상호영향을 미치며 걸어온 검의 역사 기능을 알아보고자 한다. 문화는 시대를 살아가는 사람들의 삶의 틀이자 정신이다. 검도와 문화에서는 이 시대를 살아가는 검도인의 문화적 시각에서 검도의 문제의식을 조명하고 가까운 미래에 한국적 검도문화의 발전을 위한 창조적 방향을 제시하고자 한다.

스포츠심리학의 세계를 열어주신 동아대학교 스포츠과학대학 박준동 학장님과 하형주 교수님 그리고 훌륭한 배움을 주신 정삼현 교수님, 정희준 교수님께 존경을 보냅니다.

영문 출처에 도움을 주신 최홍제 선생님, 출판에 참여해 주신 부산평검회 검우들과 이재유 사범님께 감사드립니다.

이 책이 나오기까지 곁에서 따뜻한 시선으로 신뢰를 보낸 아내와 가족에게 고마움을 전한다.

동아대학교 승학골에서 임 철 호 2010. 6. 10

차례 C o n t e n t s

제3장_ 실전 검도의 기술

차례 C o n t e n t s

제1장
검도와
문화

1-01 검劍과 역사

역사란 무엇인가!

'역사'라는 말을 처음 언급한 사람은 역사학의 아버지라 부르는 헤로도토스 Herodotos(BC 483~430?)다. 그러나 역사라는 말은 일상에서 누구나 쉽게 사용하지만 그 개념은 매우 복잡하고 어려운 문제이다. 역사의 의미는 시대에 따라 달라지기 때문이다. 비록 동시대 사람이라도 사학자의 가치관과 주관적 관점에 따라 다양한 정의를 내리고 있다.

19세기 사실주의 역사가, 랑케 Ranke, Leopold(1795~1886)는 역사를

정확하게 이해하기 위하여 "교훈적이고 도덕주의적 성향을 가진 민족주의적 역사관보다는 그 시대의 본질적인 상황을 광범위하고 객관적으로 기술하는 사실주의적 역사관"을 주장하였다. 어떤 사학자들은 '사실은 스스로 말한다'는 관점에서 실증주의적 역사관을 가지고 있다. 그러나 역사적인 기록이나 문헌조차도 대부분 그 시대의 기득권층이 자신들의 시각에서 남긴 흔적들이다. 이러한 상황에 있어서 학자들은 문헌자체의 객관적 가치를 평가하는 문헌비평을 통하여 철저한 문헌 선택과 재해석의 과제를 안고 있다. 심지어 영국의 역사학자 클라크 Dr. Kitson Clark(?~1809) 교수는 "과거의 지식은 한 사람 또는 몇 사람의 정신에 의해 주관적으로 가공, 각색, 재구성되어 전해져 왔다"고 주장한다. 콜링우드 R. Collingwood는 「역사의 관념」에서 "모든 역사는 그 역사를 연구하고 있는 사상이 역사가의 마음속에 재현된 것이다"고 요약했다. 그러므로 「역사란 무엇인가」에서 칼 E.H Carr은 "역사를 연구하기 이선에 먼저 역사가를 연구해야 한다"고 날카롭게 비판했다.

필연적으로 역사학자가 과거에 발생한 기초 사건을 어떻게 관심 있는 역사적인 사실로 의미전환을 시킬 것인가를 판단하고 결정하는 데 있어서 그 시대의 다양한 상황과 문맥이 절대적인 영향을 미칠 것이다. 결국 역사적인 판단도 인간적인 관점에서 이루어지기 때문에 역사에는 "절대적 진리가 없다"고 한다.

크로체 Croce, Benedetto(1866~1952)는 말한다. "모든 역사는 현대사일 뿐이다." 즉, 과거의 역사는 현재의 시대적 시각을 통해 과거를 보는 것으로 해석하였다. 역사는 과거의 역사자료, 문헌, 사실을 역사가 자신의 마음속에서 해석과 재구성을 통하여 역사적 사실로 만들어지는 것이다. 하지만 "완전한 역사를 후대에 충분히 전달할 수 있다"는 액튼 Acton(1834~1902)의 역사관이 성립될 수 없어도 올바른 역사는 과거를 통하여 우리 자신의 참모습을 발견하고 미래를 설계할 수 있도록 유도한다. 그러므로 외적인 형태만이 아니라 내, 외적인 흐름을 파악하면서 정확한 역사적 인식을 채색하는 판단은 상당히 어려운 문제점들로 우리 앞에 놓여진다. 참된 역사를 이해하는데 있어서 다양한 길을 선택해야 한다.

필자는 역사를 언급하면서 검도역사 기술에만 초점을 맞추기보다는 인류의 거대한 역사 흐름과 더불어 호흡하고 변화를 거쳐 온 검의 발자취를 알아보고자 한다. 검과 인류 역사의 상호 밀접한 관계를 살펴보면서 검도에 대한 포괄적인 인식을 넓히고 아울러 제한적이지만 오늘날 잊혀진 검도의 역사적 의미를 객관적으로 재조명하려고 한다.

인류학자 리차드 아머 Richard Armour는 "인류 최초의 공격무기는 돌맹이와 몽둥이"라고 말했다. 고대 원시상태에서 인간은 생존수단으로 수렵과 식물 채집을 통하여 모든 생활을 영위하였다. 생존과 죽음이 공존하는 미개의 환경으로부터 이러한 도구들의 사용이 개체보존과 종족을 유지하는데 큰 도움이 되었다.

한편 우리 인류의 조상들이 만물의 영장이 되기까지 맹수들이 득실거리는 초원에서 자신의 몸을 안전하게 지키기가 어려웠고 때로는 그들의 좋은 사냥감으로 희생되었다. 고고학자들은 지금까지 남겨진 화석을 통해 많은 인류 조상들의 평균 수명은 11~12세로 추정하고 있다. 이처럼 불안한 주변 환경에서 사나운 동물들의 먹잇감이 되거나 사고로 성인으로 성장하기까지 생존하는 것이 매우 어려웠다. 만약 극심한 자연의 시련을 맞이하여 적응하고 적극적으로 대처하지 못하였다면 인류는 지구상에서 멸종하여 사라졌거나 여전히 나약한 존재로서 이 지구의 최후 통치자가 아니라 다른 종種의 지배를 받는 유인원에 불과했을 것이다.

그러나 인류가 지구상에 발생한 이후 약 5백만 년을 진화해 오면서 오늘날 다른 생물과 비교하여 우수하고 만물의 영장으로서 지배자의 위치를 차지할 수 있었던 이유는 도구를 사용하였기 때문이다. 아프리카 남부에서 발견된 약 2백만년 전 아우스트랄 로피테쿠스 Australopithecus가 최초로 연장을 믿드는 동물이었다. 그리고 1백만 ~ 50만년 전 지구상에 현재의 인간과 거의 비슷한 직립인간 Homo Erectus이 나타났다. 이들은 직립한 이후 4발로부터 독립한 두 손을 자유스럽게 사용함으로써 자기 방어와 생존을 위해 다양한 연장을 만들어 사용할 수 있었다. 스페인 북부 칸타브리아 산맥에서 약 1만2천년 전에 구석기인들에 의해 만들어진 알타미라 동굴 벽화가 발견되었다. 어두운 동굴벽화에는 많은 들소와 순록들이 사실적이고 정교하게 그려졌으며, 그들의 그림들은 칼, 활, 창 등에 찔린 흔적들이 또렷이 남겨져 있었다. 프랑스의 라스코 동굴벽화에서도 동일한 현상을 볼 수 있었다. 그리고 우리나라의 구석기 시대의 대표적인 유적으로는 평남 상원의 검은모루 동굴, 제천 창내, 충남 공주 석장리 등에서 석기와 동물의 뼈로 만든 도구 등이 출토되었다. 원시인들은 생명과 종족을 유지시키기 위하여 자신들보다 힘이 강한 짐승들을 사냥하는데 칼, 창 등 날카로운 도구가 중요한 수단이었음을 알 수 있다.

그래서 신체적으로 유약한 인류가 약육강식의 황량한 벌판에서 사나운 맹수와 싸워 이길 수 있었다.

이 시기에 인류의 두뇌가 발달하여 용량은 900cc 정도로 증가하였다. 이러한 지적 능력에 의해 섬세한 도구 제작과 사용이 가능하였으며 점차적으로 신체적 조건과 함께 사고 능력이 더욱 향상되어 두뇌 용량은 1,700cc 정도로 발달하였다. 결국 인간은 도구사용과 함께 창조적인 행위를 함으로써 육체적 한계를 극복하고 지구에서 최고 통치자가 되었다.

인류의 문명은 약 2만~1만년 전 사이에 일어났으며 1만년 경을 전후로 하여 언어, 문자 등을 통해 역사를 후대에 남겼다. 문자 이전의 시대를 선사시대先史時代라 부르고 그 이후를 역사시대歷史時代라 하며 오늘과 같은 문화적인 진화를 시작하였다.

일반적으로 원시 시대의 발전과정은 인류가 사용한 도구의 변화 발전에 따라 구분하고 있다.

덴마크의 톰젠 Ch J. Thomsen은 석기 시대 Stone age, 청동기 시대 Bronze age, 철기 시대 iron age로 나누었다. 그리고 영국의 러버크 J. Lubbock는 석기 시대를 다시 구석기 시대 Paleolithic age와 신석기 시대

Neolithic age로 세분화하였다.

　석기 시대는 도구 사용에 있어서 단순한 돌이 아니라 인간 생존과 종족을 유지하는데 유리한 자연으로 구체화시켰다. 이러한 도구의 사용에 따라서 구석기 시대와 신석기 시대로 구분한다. 구석기 시대 (약 50만년~1만5천년 경)에는 타제석기打製石器로 만든 돌칼을 이용하여 집단적으로 동물을 사냥하는데 적극적으로 활용하였다. 그리고 신석기 시대(1만5천년~6천년 경) 도구는 타제석기의 제약에서 벗어나 더욱 창조적으로 발달하였다. 더욱 정교하고 뾰족하게 칼을 연마한 마제석기磨製石器에 의해 자신이 원하는 다양한 도구를 제작하였다. 이러한 석기 제작의 발달 과정에서 다른 도구와 결합하면서 정교한 창, 작살, 도끼 등 사냥 도구가 발달하여 인간의 활동범위를 광범위하게 넓혀갔다. 인간의 창조적인 노력으로 신체적인 한계를 극복하고 만물의 영장을 위한 과정을 스스로 완성하였다.

　인간은 약 1만년 전, 제4빙하기가 끝나는 무렵 기온이 상승하여 자연환경에 큰 변화가 일어났다. 빙하기의 가혹한 환경에서 벗어나 온화한 기후와 함께 생활조건이 개선되면서 농경과 목축을 기반으로 일정한 곳에 정착하여 생활하는 농업시대를 열었다. 이것은 신석기의 혁명으로 근대의 산업혁명처럼 인간의 역사에 매우 중요한 의의를 지니는 대변혁이었다. 신석기 시대부터 시작된 농경생활에서 인간은 생산물을 재배하여 일정한 수확량을 거두어 들였으며, 수확량이 증가할수록 인구가 급속도로 늘어났다. 수확 후 잉여생산물을 가지게 되면서 사유재산의 축적과 함께 사회 계급이 발생하였다. 언어의 발명과 함께 사회의 계급발생은 지배자와 피지배자의 지배질서를 더욱 체계적으로 만들었다. 이러한 체제는 점차적으로 큰 부족 형태를 갖추었다. 그리고 다양한 부족 간의 대립이 생기면서 전쟁이 자주 발생하였다. 전투에서 상대방을 공격하여 승리를 획득하기 위하여 더욱 날카롭고 강한 무기를 사용하는 것이 가장 중요한 수단이 되었다. 인간은 더 좋은 전쟁도구를 만들기 위하여 지속적인 노력의 결과로 구리와 주석의 합금인 청동을 재료로 더욱 섬세하고 강한 무기를 만들 수 있었다.

청동기靑銅器 시대(BC 3,500)는 고대 4대 문명(이집트, 메소포타미아. 중국, 인도)이 전개되었다. 우리 민족이 최초로 세운 고조선의 단군신화가 성립된 시기도 제정일치시대인 청동기 시대에 역사적 배경을 두고 있다. 청동기 시대에 제작된 칼, 창, 검, 도끼 등 살상용, 방어용 무기류들이 많이 발굴되는 것은 집단 간에 격렬한 전쟁이 자주 발생하였다는 것을 예측할 수 있다. 그러나 구리와 주석의 합금인 청동은 생산량도 부족하였지만 그 재질이 단단하지 못하여 사용에 매우 제한적이고 종교적 권위의 장식구나 지도자의 상징물과 함께 주로 소수계급층에게 소중한 무기로 사용되었다. 역사적으로 청동기 시대는 대략 2,000년 정도 지속되었다.

인류가 사용하는 도구에 혁명적인 변화를 가져온 것은 철기鐵器 시대가 도래한 이후이다. 오늘날까지 여전히 철기 시대가 3,000년 이상 지속되고 있으며 인류가 사용하는 물질 중에서도 철제가 매우 중요한 위치를 차지한다.

철기 시대(BC 1,200)에 접어들어 철제농기구와 철기무기가 개발됨으로서 정치. 사회, 문화 구조에 혁명적인 변화를 가져왔다. 단단하고 다양한 철제농기구를 이용하여 척박한 땅을 개간하고 비옥한 농지의 확보와 함께 풍부한 생산량을 수확하였다. 이로써 인구가 더욱 증가하면서 크고 작은 국가들이 발생하였다. 농업생산 증가와 날카롭고 강한 철기무기의 발달에 따라서 토지나 인구 등 노동력과 생산력을 충분히 확보하기 위하여 정복전쟁이 치열하게 일어났다. 국가 사이에 갈등과 불화로 인하여 침략전쟁이 더욱 빈번하였고 그 규모가 점차적으로 확대되었다. 따라서 전투에서 승리하기 위하여 우수한 무기와 검술이 절대적으로 요구되었다. 이로써 우수한 성능의 철제는 검은 정복전쟁에서 승리를 위해 강력한 무기로 등장하였다.

지구상에서 철기 시대 이전부터 철이 풍부하게 발견되었지만 청동보다 인류의 역사에 늦게 활용된 것은 그만큼 철의 가공이 어려워 계속 실용화되지 못하였기 때문이다. 철기를 최초로 사용한 것으로는 약 1,400년 전 현재 터키반도에서 일어난 아리아 Aryan족인 힛타이트 제국이었다. 역사적으로 힛타이트 제국은 최초로 철을 가공하는 제련법을 발명하여 단단하고 질 좋은 칼을 만들 수 있었다. 이러한 철기무기는 전쟁에서 절대적인 힘을 발휘하기 시작하였다. 그들은 BC 1,300년부터 재질이 뛰어난 철제무기를 사용하여 주변 국가를 정벌하면서 거대한 통일제국을 이루었다. 이처럼 힛타이트 제국이 정복전쟁을 통하여 강력한 제국으로 통일할 수 있었던 이유는 우수한 철제 검을 전쟁무기로 사용하였기 때문이다. 힛타이트 제국은 철기제조법을 철저히 비밀로 유지하여 오랫동안 타민족을 다스리며 절대적 지배자로서 군림할 수 있었다. 그러나 기원전 1,200년 이후 철기제조법이 널리 전파되면서 새로운 철기무기를 이용한 수많은 강대국들이 여러 곳에서 나타났다. 결국 힛타이트 제국은 더욱 우수한 철제무기를 제조한 국가들로부터 정복당하여 역사상에서 자취도 없이 사라졌다. 이처럼 철기 시대의 인류는 검의 역사와 함께 역동적으로 변화 · 발전하였다.

한국 검의 역사도 인류 역사의 흐름과 함께 다양한 변천을 거쳐왔다. 검의 기원은 검劍과 도刀의 발생과 함께 시작되었다.

곽낙현(1998)에 의하면 검劍은 양쪽에 날이 있으며, 도刀는 한쪽에 날이 있는 것으로 구분된다. 그리고 검과 도의 목적은 전투와 방위 그리고 호신으로 사용되었다. 검도劍道의 용어는 약 2,000년 전 후한後漢시대 반고가 저술한 한서漢書예문지에 검도 38편이 최초의 기록이다. 검도가 술術이나 법法이 아니라 도道라고 이름 붙여진 것은 도가道家에서 심신을 수양하기 위한 정좌법正坐法이 검 수련과 접목되어 수도검修道劍이라는 것에서 유래를 찾을 수 있다 (동아백과사전, 1990).

한반도에서 부족 국가로 시작하여 고대국가로 계승된 고구려. 백제. 신라의 삼국은 귀족 중심의 엄격한 신분 제도를 바탕으로 단일화된 민족 문화를 이루지는 못했지만 각기 독립된 국가로 발전하였다. 고대 국가 체계를 갖춘 삼국은 영토 확장과 민족 통일을 위하여 지속적으로 대립관계를 유지하면서 항쟁을 거듭하였다. 서로 격렬히 자응을 겨루는 전국시대戰國時代를 맞이하여 검의 역할이 매우 중요하였다. 그래서 이 시기에 가장 무예가 번성하였고 검술이 발달하는 계기가 되었다.

삼국시대의 기록인 필사본 화랑세기에 의하면 가야인들의 뛰어난 검술이 신라에 전해졌다고 한다. 삼국 중에서 가장 주변국가인 신라가 강한 고구려와 백제를 물리치고 통일한 저변에는 진흥왕 37년에 국가의 공적인 단체로 시작된 화랑도花郎徒가 있다. 이들은 종교집단, 사교집단, 교육집단과 함께 군사집단인 전사단戰士團의 구실을 하였다. 신라통일의 초석은 사군이충事君以忠, 사친이효事親 以孝, 교우이신交友以信, 임전무퇴臨戰無退, 살생유택殺生有擇의 화랑 5계를 중심으로 유.불.도를 주체적으로 수용하고 검을 통해서 나라에 충성을 맹세한 화랑정신花郎精神에 의해 다져졌다.

충忠, 효孝, 신信, 인忍, 용勇의 의미를 담은 화랑 5계는 활인검活人劍의 효시이며 단순한 검술의 자원을 넘어 검도의 성격을 일본보다 먼저 고유사상과 체계성을 갖추었다. 그리고 신라의 화랑, 황창의 검술이 후세에 전수되어 우리나라 검술의 원조를 이루어 본국검本國劍이라 불리어졌다(서영대, 1989). 본국검은 신라에서 유래되었기 때문에 신검新劍, 신라검이라 한다. 그리고 신라의 본국검이 일본으로 유입되어 일본의 문화적 배경에 따라 재구성되어 발전하였음을 추측한다[(김영학(1996):, 이종림(1998)].

화랑도의 연구자로 잘 알려진 미시나三品 , 이께우치池內 등 일본 학자들은 화랑을 일본의 무사와 비교하여 무사정신武士精神이 투철한 전사^{戰士}로 비유하였다(이진수, 2004).

신라의 화랑무리들은 무도^{武道}와 선도^{仙道}를 수련하였다. 검을 연마한다는 것은 신체를 건강하게 하고, 자신을 지키며 전쟁에 참가하여 승리를 쟁취할 뿐만 아니라 나라를 방어하려는 마음이었다.「삼국사기」에 "신라 삼국통일의 일등공신인 김유신은 검술을 수련하면서 자연의 이치에 따라 검과 하늘의 조화를 추구하였다"고 기록되었다 (김영학, 1999).

고구려는 민족의 방패로 한족과의 전쟁을 계속하면서 민족성이 용감하였고 강한 나라로 성장하였다. 장군총, 무용총, 쌍영총, 강서대묘 등 고분 벽화에 나타난 무사도, 무용도, 수렵도, 전쟁의 모습 등에서 힘과 패기가 넘쳐흐르는 고구려인의 생활 모습과 활약상을 엿볼 수 있다. 이러한 유적을 통해 당시 고구려 무인들은 용감하고 검술이 매우 뛰어났으며 역사 속에서 칼의 소중함을 알 수 있다. 고구려는 제천문화를 바탕으로 소도^{蘇塗} 옆에 경당을 세워 오상지도^{五常之道} 즉, 충효신용인^{忠孝信勇仁}을 바탕으로 육예^{六藝}에서 칼쓰기가 있었다.

백제는 중국, 일본 등과 무역을 하면서 부족적인 수준에서 먼저 벗어나 고구려, 신라보다 발달된 정치체제를 정비하였다. 일찍부터 일본과의 외교관계를 통하여 정치, 경제, 군사, 문화 등을 전달하여 일본의 토착 문화 발전에 많은 영향을 주었다. 특히 일본의 아스카 문화는 절대적으로 백제 문화의 또 다른 형태이다. 그리고 무비기술이 있어 도부라는 관청을 두어 국방에 소요되는 병장기를 조달하였다. 따라서 무비를 다스리는 우리 민족은 무예를 중히 여겨 숭상하는 상무정신[尚武精神]을 바탕으로 칼을 신성한 천의[天意]의 의미로 받아들여 실전수행과 종교 의식이 함께 성장한 것으로 여겨진다(최근기, 2003).

일본의 저명한 검도 사범이었던 오자와 아이지로가 저술한 「황국검도사」에 "인덕왕 혹은 응신왕 때 백제의 왕인박사가 무법과 병법학을 전하였다"고 기록되어 있다. 신라말기에 이르러 정치, 경제, 사회 체제가 무너지고 왕권 싸움이 격화되면서 절대적 왕권의 통제력이 상실되었다. 각 지방을 배경으로 성장한 호족 세력들이 반란을 일으키면서 독자적인 세력 기반을 형성하기 시작하였다.

지방호족으로 고려 태조 왕건과 자웅을 겨루었던 후백제의 견훤은 3명의 왕자 이름을 신검[神劍]. 양검[良劍]. 용검[龍劍]이라 하여 검[劍]자를 돌림자로 삼았다(이종림, 2006). 이러한 사실은 그 시대적 배경에서 검이 국가 존폐에 얼마나 중요한 역할을 하였는가를 간접적으로 암시는 기록이다.

고려 왕건은 후삼국을 통합시켜 민족 국기의 새로운 기틀을 마련하였다. 북진 정책으로 영토 확장에 주력하였고 지방의 호족 세력을 정비하였다. 특히 3차까지 침입한 거란과 여진 정벌의 성공적인 전쟁을 통해 민족의식의 강화와 검의 중요성이 더욱 강조되었다.

개성의 노국대장공주 묘소를 지키는 무인석상은 검의 착용과 함께 엄격하고 위엄 있는 모습으로 고려인들이 검을 매우 중요시하였음을 보여준다(이종림, 1988).

고려시대에 무신[武臣] 세력이 문벌 귀족들의 정치 특권과 차별 대우에 반발하여 그들을 몰아내고 권력을 장악하였다. 무신 집권세력들의 주도적 정권 다툼과 몽고 침략에 대한 항쟁을 통해 강력한 검의 역사를 이루었다.

조선은 고려의 왕족과 권문세족의 심각한 착취에 저항하는 민중을 기반으로 건국되었다.

이성계의 위화도 회군으로 성립한 조선 왕조의 건국 주체 세력은 사대부와 신흥 무인 세력이었으나, 공민왕 이후 사대부들이 대량 중앙 정계로 진출하였다. 조선시대에는 성리학을 지배 이념으로 정립하는 유교의 영향으로 숭문천무崇文賤武 사상을 지향함으로 검의 역할이 점차적으로 감소하면서 국방력이 매우 쇠퇴하였다. 그러나 검법이 보군步軍의 관무재초시觀武才初試 시험과목으로 시행되어 전투에 활용되는 검술로 사용되었다. 모원의가 조선에서 검보를 얻으면서 본국검법을 칭송할 만큼 소중한 유산으로 전해진다. 병농일치兵農一致제도와 국민계병제國民皆兵制를 실시하여 모든 국민이 의무적으로 각종 무예를 익히도록 제도화하였다.

그러나 조선은 임진왜란을 맞이하여 병농일치의 국방정책이 실효성을 얻지 못하자 전문적으로 검을 수련하는 무사들을 양성하는 정책으로 변경하였다(나영일, 1992). 그리고 국방력 강화의 중요성을 깨달아 군사 개편을 착수하여 군사 훈련과 통솔을 담당하는 훈련도감訓練都監을 설치하였으며 삼수병三手兵에 창검병槍劍兵을 편성하였다.

19세기 대원군의 강력한 쇄국정책을 버리고 외세에 문호를 개방하면서 일본에 대한 개항을 허락하였다.

오늘날 대한검도회 검도는 개항시대 후부터 일본에서 유입된 것으로 당시의 공식적인 명칭은 격검擊劍이었으며 오늘날 스포츠적인 성격보다 무술의 일종으로 호신 또는 경호의 목적으로 수행하였다. 우리나라에 들어온 정확한 연대는 알 수 없으나 고종실록건양원년 (1896년) 5월 23일조에 "순검격검제구강인비(巡檢擊劍諸具講人費) 319원" 이라고 수록되어 있는 것으로 보아 1896년부터 경시청이 치안의 필요에 의해서 경찰교습과목으로 채택한 것이 우리나라 검도의 시초라 하겠다(임영무, 1987).

　1904년 육군연성학교에서 검술(격검)을 교과로 채택하였으며 1908년에 한.일간 최초로 경찰관 격검대회가 열렸다는 사실은 격검이 개화기 당시 일본에서 유입된 것으로 추론된다(김영학 외2, 1998).

　1910년 강압적으로 '한일 합방조약'을 체결한 이후 일제식민지시대 하에 문화말살정책으로 인하여 많은 전통과 문화가 소멸되거나 통제되었으며 한국의 전통적인 검의 역사도 맥이 끊어지거나 상당히 왜곡되었다. 초기 일본인들은 식민지 한국에 일본검도를 유입하여 자신들의 문화적 우월감과 엄격한 지배수단으로 일본인들만 수련하였다. 그러나 식민지 지배 정책의 일환으로 철저한 일본정신과 가치관을 함양시키기 위하여 검도를 대중적으로 전파하였다. 일본인들은 식민지 국민에게 요구하는 황국신민皇國臣民과 동화정책同化政策을 주입시키기 위한 문화정책 수단으로 각 학교에 일본검도와 유도를 도입시켜 의무적으로 수련하도록 하였다. 그들의 이러한 문화정책은 자신들이 원하는 식민지 국민의 정신적 신체적 개조를 위한 목적을 훈련에 담고 있었다.

일본은 식민지 민족의 독립성과 전통적인 고유성을 부정하고 완전히 일본 민족에 동화시키려는 민족말살정책으로 일본고유의 검도를 엄격히 강요하였다. 검도교사들은 주군主君에 대한 충성심과 맹목적 희생을 주입시키기 위하여 일본의 군부독재정권의 지배 이데올로기에 알맞게 검도와 검도정신을 왜곡, 변형하여 체계적으로 지도하였다(김영학 외2, 1998).

결국 검도는 대한민국의 광복과 함께 일본 문화의 부정적인 잔재로 인식되어 일시적으로 자취를 감추었다. 그러나 학교와 경찰에 의해 검도가 부활하면서 엘리트체육의 성장을 가져왔으며 경기화된 검도로서 일본식 죽도검도가 점차적으로 정착되었다. 그리고 1948년 창덕궁 도장에서 우리 국민의 주체적 의지에 따라 '대한 검사회'를 조직하였으며, 1952년 11월 20일 창덕궁 도장에서 오늘의 '대한 검도회'를 창립하여 대한민국의 검도발전을 위한 역사적인 발판을 마련하였다.

한국검도변천사

고대(古代)

|

구석기시대(약 50만년~1만 5천년 경)

|

신석기시대(1만 5천년~6천년 경)

|

청동기시대(BC 3500)

|

삼국시대(BC 37~935)

|

통일신라(676년)

|

고려(918~1392)

|

조선시대(1392~1910)

|

일제시대(1910년)

|

해방후(1945년)

|

대한검사회(1948년)

|

대한검도회(1952년)

|

일반검도–학생검도–경찰검도–교도관검도

(출처:김재일.1990)

1-02 검도와 문화

문화^{culture}란 무엇인가?

문화의 개념은 복잡한 의미를 내포하기 때문에 명확하게 정의를 내리기가 쉽지 않다. 레이몬드 윌리암스^{Raymond Williams}는 문화를 "영어 단어 중에서 가장 난해한 몇 개 단어 중 하나"라 했다. 그는 문화를 넓은 의미에서 다음과 같이 주장하였다.

1. 지적, 정신적, 심미적 과정

2. 생활방식, 삶의 틀

3. 예술적 실천행위(시, 소설, 발레, 영화 등)

문화와 문화현상의 의미를 규정하려는 접근방법에 따라서 다양한 시각이 존재한다. 한편 문화를 자연에 대립되는 모든 인간의 인위적인 활동을 가리키는 것이며 상황에 따라서 '야만'과 대립되는 정신활동을 의미하기도 한다. 많은 사람들은 일상을 통해 검도문화, 교통문화, 토론문화, 학교문화, 주거문화 등 문화의 용어를 흔히 사용하지만 문화 정의를 명확하게 내리기는 무척 어렵다.

관념론적인 관점에서 문화는 특정 소수 엘리트 집단의 지배적 정신활동이나 가치관을 의미한다. 그러나 인간의 정신 활동은 독자적으로 실천되는 것이 아니라 특정한 주변 환경과 인간의 생존 방식에 따라서 상호작용의 영향을 미치면서 실행된다. 이처럼 사회적, 역사적, 지리적, 인문적 환경의 다양한 조건과 상호관계를 맺으면서 형성되는 인간의 정신활동을 문화로 파악하는 이론을 문화 유물론culture materlalism이라 한다. 문화 유물론은 "인간의 의식이 존재를 규정하는 것이 아니라 인간의 사회적 존재가 인간 의식을 규정한다"라는 마르크스 K. Marx 의 역사 유물론에 근거를 두고 있다. 그는 물질적 사회관계로부터 공동체의 보편의지를 설명했다.

일반적으로 문화의 개념을 포괄적으로 연구할 때 문화 유물론적 접근이 기본적인 방식이며 관념론적 접근은 보충적인 역할로 판단하는 것이 바람직한 시각일 것이다(박정화, 2000).

인간을 문화적 존재라 한다. 자연의 세계에서 만물의 영장이 될 수 있었던 것은 주어진 현실에 본능적으로 안주하기 보다는 다양한 시행착오를 거치면서 인간생존에 유리한 환경을 변화시키기 위한 진보적인 노력이 있었기 때문이다. 그리고 그리스 철학자 아리스토텔레스 Aristoteles(B.C. 384~322)는 인간을 정의하면서 '인간은 사회적 동물'이라 했다. 인간은 다양한 가치관을 가지고 살아가지만 공동체에 효율적으로 적응하기 위하여 구성원들이 공유하는 일정한 생활양식과 질서의식을 갖게 된다. 이처럼 공동체의 안정과 지속적인 발전을 위해 구성원들의 일치된 방향성을 질서의식, 즉 이념 ideology이라 한다.

이데올로기라는 용어는 어원적으로 보면 희랍어의 이데아 idea와 로기 logie의 합성어로서 이상적인 논리를 의미한다. 근대적 이데올로기는 사회의 부정적인 모순을 해소하고 이상적인 인간의 행복을 추구한다는 내용을 특징으로 한다. 이념은 공동체 구성원들의 보편적 삶과 가치관을 유도하기 위한 조직적인 사고체계이므로 소중한 문화라 할 수 있다. 그러므로 이데올로기는 문화연구에 있어서 매우 의미있는 내용을 함축하고 있다. 흔히 이데올로기는 문화와 혼용되기도 한다.

문화비평가인 에드워드 사이드 Edward Said는 「문화와 제국주의」에서 문화는 순수하고 지고한 이상적 가치가 아니라 정치적 사회적 이념들의 혼합체라고 하였다.

그레이엄 터너 Graeme Turner는 "이데올로기는 문화연구에 있어서 가장 중요한 개념 범주에 속한다"고 언급하였다. 심지어 제임스 캐리 James Carey는 "영국의 문화연구를 쉽게 또 정확하게 표현한다면 이데올로기의 연구라 할 수 있을 것이다"고 하였다.

칼 만하임 Karl Mannhein은 "정치적 이데올로기는 소수 지배집단이 정치조작과 매스미디어의 적절한 통제를 통해 실제적인 권력구조, 지배과정 및 현실적 또는 잠재적 이익 등을 대중들이 잘 알 수 없도록 교묘하게 위장하고 은폐하기 위하여 이용한다"고 역설했다. 그러므로 이들은 연극, 종교, 무도, 스포츠 등 문화적 실천행위 속에 2차적 의미를 무의식 속에 작용시킨다.

민족, 국가, 지배계급, 종교 집단, 단체 등 어느 특정 집단이 자신들의 절대적인 지배 이념이나 가치관을 위하여 다양하고 복합적인 인간의 정체성을 일정한 방향으로 교묘히 환원시키려 한다면 결과적으로 그들의 이데올로기는 억압, 통제, 은폐, 왜곡의 기능을 갖기 때문에 부정적인 문제가 발생한다.

이처럼 특정한 소수 지배자들이 자신들의 이해관계를 유리하게 추구하기 위하여 사회 속에서 편협적인 지배 사상을 은폐시키거나 권력을 정당화 내지 시속직으로 절대화시키기 위한 수단으로 이데올로기를 이용할 때 부정적인 인식을 심어준다.

이데올로기의 또 다른 형태가 민족주의民族主義이다.

19세기 유럽은 제국주의 국가를 건설하기 위하여 해외 팽창정책과 식민지 침략전쟁을 전개하면서 민족주의와 국민들의 단결된 정체성을 강화시키기 위하여 종족 우월주의를 바탕으로 민족차별주의와 식민주의 사관을 당연하게 여겼다. 따라서 시대가 요구하는 역사를 창조하고 당위성을 위해 민족주의 역사관이 강력한 무기가 되었다.

19세기 이후 본격적으로 나타난 민족주의 이데올로기는 각 나라의 역사적 배경에 따라 전개되었다. 근대 유럽의 민족주의는 민중에게 민족, 국가 통일, 독립, 정체성, 일체감 등을 각성시키려는 갈망에서 다양한 가치체계를 하나의 통일 사상으로 만들어 활발히 추진하였다. 그러나 절대적이고 이기적인 민족주의는 자국의 역사에 대한 상대적 정당성과 타국가를 향해 배타적이고 폐쇄적인 성향을 가진다. 결국 민족주의는 상대주의 성향을 가질 수밖에 없다.

굴절된 민족주의를 국민들에게 주입시키기 위하여 은밀하게 이용하는 것이 문화정책이다. 이들 중에 가장 영향력이 큰 것은 스포츠를 이용한 스포츠 내셔널리즘 sports nationalim이다. 근대유럽의 많은 국가와 독일의 히틀러도 게르만 민족의 우수성과 강력한 단합정신을 이끌어내기 위하여 스포츠와 올림픽 문화를 적극적으로 활용하였다.

근대 일본 유도의 창설자인 가노 지고로嘉納治五郎(1860~1938)는 전근대적 각종 유술柔術을 근대적 스포츠인 유도로 집대성하였다. 그는 유도를 메이지 개혁이라는 일본 근대화를 실현하기 위한 방편으로 생각하는 교육자였으며 유도를 통해 강强, 건建, 용用의 우수 국민으로 개조시키는 것에 목적을 두었다.

일본의 무도문화武道文化는 자국自國뿐 아니라 식민지 국민의 준군사 훈련과 일본천황의 황국신민皇國臣民으로 동화시키기 위하여 교묘하게 이용되었다. 그들은 국가주의 이데올로기와 무도의 이념을 동일시하였다.

일본은 강점기 동안에 우리 문화말살정책의 일환으로 식민지에 검도와 유도의 문화를 유입하였다. 탈 아시아주의를 꿈꾸며 서구 근대화를 주도한 일본은 천황제天皇制와 무사도武士道에 정신적 뿌리를 두고 군국주의를 수단으로 강력한 민족주의를 추구하였다. 그들은 생활 속에서 마땅히 지켜야 하는 도리道理로서 충성, 복종, 의리, 희생, 검, 명예, 권위, 죽음 등 정신세계를 유미적唯美的으로 해석하여 국민들에게 숭배하고 실천하도록 강요하였다. 그들은 신체와 정신의 조화로운 균형이 아니라 신체의 극단적인 고통과 희생의 누각 위에 매우 위험한 정신적 가치를 올려놓았다. 육체를 초월한 극단적 탐미주의의 정신적 가치 추구는 결국 신체의 경멸과 죽음을 인내, 용기, 명예, 결단력 등의 덕성德性으로 찬미했다. 일본인들은 식민지 국민에게도 이러한 도덕적 규칙을 강하게 드러내었다. 자신들이 요구하는 식민지 국민의 신체와 정신을 적극적으로 개조시키기 위하여 검도수련 속에 절대복종, 권위주의, 종속적 위계질서의식, 희생정신, 국가충성심, 단결심 등 철저히 왜곡된 검도정신을 강요하였다.

이처럼 근대의 스포츠와 무술은 사회지배계급의 이데올로기와 밀접한 유착관계를 갖는다. 일본의 왜곡된 문화정책은 광복 후 많은 한국 국민들에게 저항감을 불러 일으켜 일본문화의 상징인 벚꽃나무가 대량으로 제거되었고 식민지 국가의 억압과 통치의 잔재인 검도도 일시적으로 자취를 감추었다.

검도는 과거 역사적 상황 속에서 강대국의 일방적인 강요와 더불어 무비판적인 수용으로 인하여 우리의 전통적인 정서와 가치관에 부조화를 이루는 부분이 많이 내재했었다. 그러나 1952년 11월 20일 우리의 역사와 전통을 함축하고 있는 창덕궁 도장에서 검도를 진실로 사랑하고 한국적 무도의 필요성에 대한 책임감을 절감한 사람들이 모여 오늘의 '대한검도회大韓劍道會'를 창립하였다. 이후 검도는 우리 사회의 토양 속에 서서히 뿌리를 내려 한국 정서의 풍부한 영양분을 흡수하면서 지속적으로 변화 발전하였다. 대중문화가 왕성하게 활성화된 1990년부터 수련 인구가 급속히 증가하면서 우리의 생활 속에 더욱 깊이 스며들었다. 그리고 신체와 정신의 섬세한 조화를 중시하는 실천문화로 역할을 하였다. 그러나 우리나라 전통검도를 보존하고 고유성을 주장하는 많은 다른 사회집단들도 대한검도회 주체의 검도를 일본에 뿌리를 둔 일제 식민지의 부정적인 잔재로 인식하면서 차별적이고 대립적인 방향으로 기울였다.

과거 제국주의 국가들은 정책적으로 항상 국민들의 단결심을 유도하기 위해 민족문화의식을 고취시켰다. 그리고 약소 식민지 국가들은 해방 후 강대국의 식민지화에 대한 역사적 피해의식을 저변으로 하여 타국에 대한 적대감과 자국의 유대의식을 통해 맹목적 애국심을 자극하였다. 때로는 국가 간의 스포츠 경기에서 상대국가의 국기를 불태우거나 자국 충성과 함께 상대국가에 대해 적대적인 구호가 난무하였다. 그러나 근대국가를 이루는 과정에서 이러한 경향의 편향적 민족주의는 절대적인 반성, 부정의 대상이 아니라 효과적인 국가발전의 에너지로 작용되었다.

피에르 부르디외 P. Bourdieu는 "문화적인 구별은 공존하는 다양한 문화의 존재를 부정하고 차별과 소외라는 불평등한 지배의식을 정당화시키고 차별화된 우월감을 형성할 수 있다"고 지적하면서 이것을 구별짓기 distinction라 하였다.

베네딕트 앤더슨 Benedict Anderson은 '상상의 공동체Imagined Communities'로 민족의 개념을 스포츠와 결부시켜 연구하였다. 국민의 대부분은 서로 직접 만날 수 없으므로 민족 정체성은 한계를 가진 지역적, 종교적, 종족적 조건보다는 스포츠 문화활동을 통해 동질적 동시적 의미가 매우 강하게 제공되면서 발전한다. 그러나 '상상의 공동체에 대한 맹목적, 절대적 헌신은 쇼비니즘 chauvinism(맹목적 애국주의)을 형성하여 독선적인 애국주의를 유발한다'고 경고한다.

이처럼 스포츠 문화 역시 국가의 지배이데올로기와 왜곡된 애국심을 강요하는 쇼비니즘의 강력한 수단이 되어왔다. 스포츠를 통해 발생되는 배타적 애국심 이면에는 항상 특정 목적을 위한 집단 이기주의와 이해관계가 잠재되어 있다. 결국 이러한 일방적인 국수주의國粹主義는 자국의 독단적 정통성을 강조하면서 타국가의 문화에 대한 적의적, 폐쇄적인 성향과 함께 집단 이기주의를 추구한다.

오늘날 첨단과학의 발전에 힘입어 세계는 정치, 경제, 문화 등을 통해 상호 친밀한 관계를 맺으며 세계화된 하나의 지구로 급속하게 변하고 있다. 이런 시대의 흐름에서 가장 비합리적이고 퇴보적인 이데올로기 중 하나가 독선적인 민족주의다. 즉, 민족주의는 일종의 퇴보된 정치 이데올로기이다.

최근에는 정치적 경제적 이해관계뿐 아니라 학회 및 다양한 분야에서 독단적인 민족주의 역사관에 관하여 부정적인 회의와 비판의 시각을 나타내고 있다. 과거 식민지의 역사를 경험한 대한민국도 이제 경제적으로 선진국의 대열에 진입하는 길목에 위치한다. 타문화와 조응하지 못하는 배타적인 애국심은 스스로 그 틀 속에 갇히어 폐쇄적인 국가를 초래할 수밖에 없다. 그러므로 문화적인 폐쇄성과 고착화된 전통성을 지향하는 민족주의 콤플렉스 complex를 극복하고 세계화에 공존하는 민족 정체성을 새롭게 재구성해야 한다. 그러므로 다른 사회집단에서도 대한검도회의 검도를 한국의 전통문화와 식민지 문화라는 이분법의 대립적 구조 속에서 차별화하고 소외를 통해 집단 이해관계를 형성하려는 편협한 근대민족주의 역사관의 굴레에서 벗어나야 한다. 이러한 주장은 부분적으로 올바른 문화 인식의 부족함에서 비롯된 것이며 1950~60년의 인식 수준을 넘어서지 못하는 것이다. 오히려 검도를 전통 문화의 창조적 계승 발전을 위한 한국적 미래문화의 제諸 현상으로 이해할 수 있는 문화적 역량이 요구된다.

한편, 일제강점기 이후 분단과 어려운 정치 현실을 이어가면서 우리는 외래문화의 주체적 수용과 참다운 전통문화를 세워보지 못하였다. 아직도 일부 검도지도자들은 일제강점기에 문화정책으로 우리나라에 유입된 이후 왜곡된 검도정신에 대한 향수를 버리지 못하고 퇴행적인 검도의식을 간직하고 있다. 때로는 그러한 왜곡의식이 검도의 본질처럼 인식되어 한국 검도문화 창조에 상당히 부정적인 영향을 미치고 있다. 문화는 단순히 생활의 방편이나 삶의 틀이 아니라 그 공동체의 정신과 가치관에 뿌리를 내리면서 역동적으로 진화된다. 문화는 시대적 흐름에 따라서 사회 수준과 의식을 반영하면서 사회와 어우러져 상호 창조적으로 발전한다. 그러므로 이러한 시대변화에 제대로 적응하지 못하고 과거에 머무는 정체된 문화는 대중의 외면과 함께 점점 퇴화될 것이다.

검도는 현대사회의 일상에서 독립적으로 존재하는 것이 아니라 다양한 문화와 민감하게 상호 연계되어 공존하고 있다. 이미 생활에 깊이 스며들어 지친 삶을 건강하게 경작하면서 우리의 훌륭한 정신 문화로 편입되어 간다. 특히 검도는 신체문화와 정신문화의 양면성이 풍성하게 조응하는 세계이다. 검도의 수련은 검술을 통해 정신을 수양하고 신체를 단련함으로써 인간 수양과 삶의 질을 높이는 문화로 정착되고 있다.

이 땅에 한국 검도문화를 올바르게 정립하기 위하여 과거의 왜곡된 검도정신에서 벗어나 참된 정체성의 회복이라는 과제를 풀어야 한다.

검도는 더 이상 한 지역의 독자적인 문화가 아니다. 검도는 현재에 즈음하여 세계적인 무도이자 스포츠로서 수많은 세계인이 열심히 수련하고 있다. 1952년 우리 국민의 주체적 의지로 '대한 검도회'를 설립하여 창조적 한국 검도 문화의 발판을 마련하였다. 더군다나 한국은 2006년 13회 세계검도선수권대회에서 최초로 단체전 우승을 차지했다. 최고의 경쟁자인 일본선수들과 대적하는 한국선수들의 칼의 흐름 속에는 일본인들의 성향과 구분되는 한국인 고유의 정서를 담았다. 이제 검도는 이 땅에서 뿌리를 깊게 내려 우리의 정신과 정서의 자양분을 흠뻑 흡수하면서 훌륭한 한국의 전통문화로 정착하고 있다.

일반적으로 문화를 평가할 때 발생론적 기원의 중요성도 강조되지만 다양한 문화를 주체적 태도로 수용할 수 있는 문화역량이 더욱 요구된다. 오늘날 혁신적 다문화시대에 살면서 인종, 성, 국가를 초월한다. 그러므로 우리는 더 이상 다른 문화권에서 소개된 불교, 유교, 기독교뿐만 아니라 야구, 농구, 배구, 축구, 양궁 등을 통하여 문화적 전통성에 콤플렉스를 느끼지 않는다. 이들 외래문화들은 한국에 유입된 이후 주체 수용으로 이미 자랑스러운 전통문화로 정착되면서 고유한 우리문화를 더욱 풍성하게 만드는 민족문화 양식으로 재창조되고 있다. 따라서 우리가 일상에서 매일 접촉하는 검도문화 및 다양한 외래문화를 우리의 생활양식과 정신문화로 재구성하여 풍부한 삶의 영역으로 전환시키는 성숙된 문화인의 문화 의식이 더욱 소중하다.

검도와 스포츠심리학
sport psychology

인간이 가장 아름다운 것은 자신의 역할에 최선의 노력을 기울이는 모습이다. 운동선수들은 누구나 자신의 잠재적인 기량을 남김없이 발휘하여 후회 없는 경기를 수행하고자 한다. 그러나 선수들은 경기에서 자신의 의지대로 실력을 극대화시키지 못하고 많은 아쉬움을 남긴다. 선수들이 경쟁시합에서 부정적인 정서를 극복하고 어렵게 연마한 기술을 충분히 발휘할 수 있도록 경쟁심리를 조정하는 것이 매우 중요하다.

스포츠심리학은 스포츠 활동이 인간의 인격형성과 정서에 미치는 원인을 탐구하거나 스포츠 선수들에게 발생하는 다양한 경쟁심리현상을 파악하여 즐거운 스포츠 수행과 자신의 잠재적 경기력을 극대화할 수 있도록 유도하는 것이 목적이다. 그러므로 스포츠심리학은 인간의 행동과 정신과정을 연구하는 심리학의 넓은 범주에 포함되는 하위개념으로 인간과 스포츠의 상호관계를 연구하는 것이다.

1970년 이후 실험실에서 연구되는 지식과 원리가 다양한 스포츠 현장에서 효과적으로 적용될 수 없기 때문에 현장중심의 스포츠심리 기술에 대한 필요성이 지속적으로 요구되었다. 특히 1987년 스포츠 심리학은 과학적인 학문으로 인정되어 미국심리학회로부터 분과되면서 스포츠현장에 대한 연구가 더욱 활발히 진행되었다.

포스트와 포터 Foster & Porter(1986)는 '경기에서 선수들이 잠재적인 경기력을 충분히 발휘하기 위하여 스포츠심리 최소 50%가 좌우된다'고 판단했다. 그리고 '사격, 양궁 등 활동적인 신체 움직임 보다는 섬세한 감각과 안정적인 정서를 요구하는 폐쇄종목이나 검도, 펜싱, 골프, 테니스, 피겨 스케이팅 등 신체활동과 함께 민감한 주의집중이 요구되는 종목의 승패는 거의 심리조절에서 80~90%가 결정된다'고 주장하였다. 최고의 골퍼인 아놀드 파머와 잭 니콜라우스는 '골프에서 90%가 심리전이다'고 말했다(김진구, 정상택, 1999). 1984년 LA올림픽을 기점으로 스포츠심리학을 이용하여 선수들의 경기력을 향상시키려는 관심과 시도가 증가하면서 이 분야에 대한 연구가 상당히 활성화되었다. 그리고 한국에서도 86아시안게임과 88올림픽 개최를 전후하여 스포츠현장 연구에 대한 관심이 매우 높아졌다(한명우, 2006).

다양한 종목의 선수들은 경기상황에서 부정적인 경쟁심리(불안, 긴장, 초조, 두려움, 부정적인 예측 등)를 경험한다. 이러한 정서는 과거 원시인들이 오랜 역사를 통해 삶과 죽음이 공존하는 거친 벌판에서 야생동물들을 상대로 사냥이나 투쟁을 실행하면서 신체에 익혀진 무의식적 반응이다. 이러한 본능적인 생리반응은 유약한 인류가 생존하고 종족을 보존하기 위하여 매우 유리한 전투 상태 fight and flight response라 할 수 있다. 그러나 원시적 생리 상태나 경쟁심리는 섬세하고 과학적 문화로 진보된 검도경기를 수행하는 상황에서는 상당히 불리한 본능적 반응이다.

본능적인 정서반응은 운동수행에 있어서 부정적인 신체적 행동적 심리적 증상을 유발하기 때문에 최대 경기력을 발휘하는데 많은 장애가 되고 있다. 그러므로 과학적 체계를 갖춘 스포츠심리학은 선수들이 검도경기를 수행하면서 거칠고 본능적인 원시적 정서를 통제하고 가장 효과적인 심리를 유도하여 최고 경기력을 발휘할 수 있도록 유도하는데 그 목적이 있다.

최근 스포츠 세계에서 계속적인 기록 갱신은 스포츠 과학화에 상당한 원인을 두고 있다. 올림픽 및 각종 운동경기에서 우수선수들은 스포츠심리기술에 대한 지식이나 이론을 충분히 훈련한 후 현장에서 효율적으로 적용하여 자신들의 잠재적 기량을 극대화시키고 있다. 그들은 자신들의 실력을 최대로 발휘할 수 있는 것은 체력과 기술뿐만 아니라 경기현장에서 경험하는 부정적인 다양한 심리문제를 효율적으로 해소하는 스포츠심리기술의 뒷받침이 크게 작용하였다고 한다.

김영선(2001)은 「근대5종 선수의 심리적 기술 특성」에서 '스포츠 경쟁상황은 선수들에게 지속적으로 신체적 정신적 긴장(부정적인 정서)으로 경기력 저하의 원인이 된다'고 하였다. 무엇보다도 심리적인 요인이 경기수행능력에 더욱 중요하다는 사실을 규명하였다. 특히 양궁, 사격에 있어서 심리적 특성을 검사한 결과 우수선수들은 비(非)우수선수와 비교하여 집중력, 자신감, 불안관리, 성취동기, 각성조절, 심상조절 등 심리기술이 높은 것으로 밝혀졌다.

경쟁스포츠에서 발생되는 부적절한 심리변화(과도한 긴장, 불안, 초조, 두려움 등)는 검도 선수들이 심각하게 경험한다.

검도경기가 매우 거칠고 주로 기술과 신체적인 활동에만 의존하는 것처럼 인식되지만 매우 섬세하고 엄격한 경쟁심리에 많은 영향을 받고 있다. 두 선수 사이에 긴장된 경기흐름은 미동의 움직임조차 포착하여 순간 공격으로 이어지므로 한 치의 빈틈도 허용되지 않는다. 심지어 상대선수의 들숨과 날숨까지 파악할 수 있어야 우수선수가 될 수 있다.

긴박한 경쟁 상황에서 발생하는 심리적 혼란을 효과적으로 극복하지 못하면 경기결과에 결정적인 영향을 미친다. 검도경기에서 흔히들 '시합용 선수'와 '연습용 선수' 그리고 국내용 선수와 국제용 선수로 선수들의 성향을 구분하는 경우가 있다. 경기에서 선수들이 심리적인 작용에 의해 자신들의 평소 기량을 최대로 극대화시킬 수 있는가 없는가에 달려있다. 어떤 선수는 연습경기나 국내경기에서는 자신의 실력을 충분히 발휘하여 훌륭한 성적을 올리지만 국제대회에 참가하여 경기를 수행할 때 충분한 체력과 기술을 가지고도 경기력이 매우 저하되는 경우가 많다.

이런 현상이 발생하는 원인은 갑자기 저하된 체력과 기술 문제보다는 심리적인 부담이 신체에 상당히 부정적인 영향으로 작용하기 때문이다. 부정적인 심리 문제가 발생하면 심리뿐만 아니라 신체적 행동적 변화를 유발시켜 자신의 경기수행을 완전히 발휘하는데 큰 장애가 된다. 그러므로 우수선수는 비우수선수와 비교할 때 무엇보다 경기상황에서 다양하게 발생하는 경쟁심리를 자율적으로 조절하는 능력이 상당히 뛰어났다. 그들은 경기상황에서 발생되는 부정적인 심리를 효율적으로 해소하였으며 목표설정, 자신감, 집중력, 심상, 동기부여 등 심리기술을 활성화시켜 자신의 기량을 최대로 발휘한다.

스포츠심리기술은 머릿속으로 인식하여 완성되는 것이 아니다. 경기력을 극대화시키기 위하여 신체기술을 수련하는 것과 똑같이 여러 가지 심리기술을 지속적 과학적 방법으로 훈련해야 한다. 한편 심리기술은 모든 선수에게 적용하는 보편적이고 단일적인 스포츠심리기술보다는 경기수행과 관련하여 선수 개개인이 안고 있는 심리적인 특성이나 문제점을 철저히 비교 분석하여 다차원적인 심리방법을 선택하는 것이 가장 바람직한 전략이다.

그러므로 스포츠심리학자들과 현장지도자들은 즐거운 검도수련과 경기력의 극대화를 위하여 스포츠심리에 대한 충분한 연구와 다양한 심리기술 원리나 프로그램을 개발하는데 노력을 기울여야 한다.

제2장

실전 검도와 스포츠 심리기술

추동이론 Drive theory

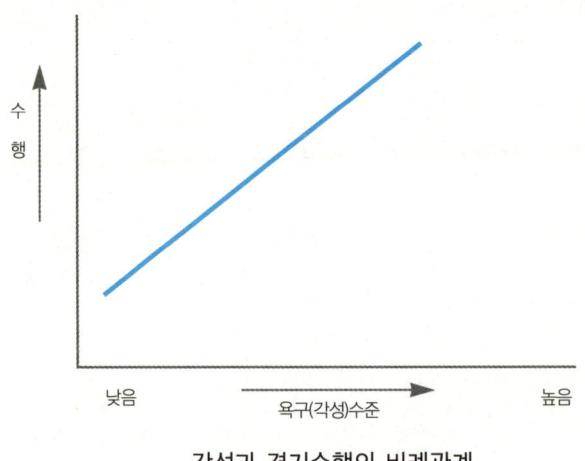

각성과 경기수행의 비례관계

추동이론은 경기수행과 각성(욕구)은 항상 비례적인 상관관계에 있다고 제시한다. 다른 이름은 욕구이론이며 홀^{Hul(1943)}에 의해 처

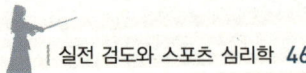

음으로 발표되었다. 그후 스펜스 Spence(1956)에 의해 수정되었다. 용어에서 의미를 잘 전달하고 있지만, 1960년대 심리학자들은 경기를 수행하는 선수들의 의욕이나 기세 등 운동욕구가 높아질수록 경기수행력이 상승하여 긍정적인 결과를 얻을 수 있다고 주장하였다.

추동이론은 선수들이 경기를 수행하면서 부정적인 경쟁심리(불안, 긴장, 두려움 등)에 의하여 경기의욕이 저하되는 것 보다는 승리에 대한 욕구(승부욕, 정신력, 의욕, 기세 등)가 상승될수록 자신의 기량을 충분히 발휘할 수 있다는 이론이다.

스포츠 현장에서 코치나 지도자들이 잠재적인 경기 기량을 높이기 위하여 선수들에게 강한 경쟁의욕을 요구하며 선수 자신들도 이것이 가장 중요한 정신무장이라고 생각하였다. 이러한 추동이론은 하나의 이론 이전에 오랫동안 우리들에게 가장 친숙하고 잘 알려진 경기전략이었다.

그러나 선수들이 경기에 대한 욕구기 상승할수록 실력을 충분히 발휘하여 긍정적인 결과를 얻을 것이라는 예측은 모든 경기종목에 적용되지 않는다. 각성정도를 달리하는 다양한 종목과 선수의 숙련도에 따라서 차별적인 각성수준을 적용한다면 더욱 경기력을 극대화시킬 수 있다.

역도, 100m 달리기, 턱걸이 등 운동수행의 과정이 단순하거나 순간적인 에너지를 발산하는 종목은 주로 소근육에 비해 대근육을 많이 사용한다. 이러한 종목은 섬세한 동작보다는 폭발적인 힘을 요구한다. 그러므로 교감신경의 자극에 의해 분비되는 강력한 각성제인 아드레날린 adrenaline이나 노르아드레날린 noradrenaline의 호르몬을 촉진시켜 경기에 대한 의욕, 기세를 강하게 높이는 것이 긍정적인 경기 결과를 얻는데 매우 효과적이다.

그 예로 역도경기에서 현장 코치들이 선수들의 충분한 각성을 높이기 위하여 뺨을 강하게 치거나 큰소리로 경기의욕을 불어 넣는다. 반면 신체의 움직임이 거의 없거나 절대적인 안정을 요구하는 폐쇄종목인 사격, 양궁에서는 전혀 다른 경기전략이 요구된다. 이런 종목의 선수, 코치 모두는 서로 물리적으로 자극하며 응원하지 않는다. 선수에 대한 코치의 격려도 잔잔한 눈빛으로 말한다. 선수는 경기중 과녁에 만점으로 적중하여도 침착하게 다음 경기수행을 위해 과도한 기쁨이나 흥분으로 교감신경을 자극하여 각성을 상승시키지 않는다. 심리적인 안정을 위해 자신의 감정을 억제하며 지속적인 평정심平靜心을 유지한다.

검도, 펜싱, 유도, 레슬링, 테니스 등의 종목은 대근육과 소근육의 적절한 균형을 요구한다. 시합에서 선수가 지나친 의욕과 기세 등으로 높은 각성을 지속적으로 유지하면 오히려 경기에 부정적인 영향을 미쳐 경기력을 저하시킨다. 과도한 각성은 한곳에 마음을 집중시키기 때문에 순발력이 떨어지고 경기전체의 흐름을 판단하는 시야가 좁아진다. 그러므로 상대의 움직임을 섬세하게 포착하지 못하거나 신체가 경직되어 다양한 상황 변화에 적절히 대처하는 순발력이 떨어져 효과적인 경기수행이 어렵다.

검도대회에 참가하여 가장 힘든 경기가 첫 시합이다. 1회전에서 아직 몸이 덜 풀린 상태이고 2,3회 경기보다 시합 감각이 둔하기 때문에 섬세한 경기운용과 기량의 수행이 어렵다. 그러므로 약간 높은 각성상태에서 경기를 주도적으로 풀어가는 방법이 적절하다. 그러나 경기가 거듭될수록 상대선수의 기량과 경기감각이 뛰어나므로 지속적으로 과도한 각성상태에서 경기에 임하면 주의집중이 좁아져 민감한 판단력이 경직된다. 각성이 높게 상승되면 부정적인 경기심리(흥분, 긴장, 초조 등) 때문에 침착한 경기수행이 어렵다. 특히, 가장 높은 수준의 결승전에서는 잠재된 기량을 충분히 발휘할 수가 없다. 그러므로 경기상황에 따라서 점차적으로 상승되는 각성수준을 조정하여 적절한 주의집중력을 유지하고 경기전체의 흐름을 냉정하게 파악한다면 숙달한 실력을 극대화시킬 수 있다.

추동이론은 교감신경의 자극에 의해 강한 각성제의 호르몬을 유도한 후 고강도 각성을 촉진시켜 경기력을 높이는 것이다. 그러나 모든 종목이나 선수들에게 해당되는 절대적인 스포츠심리이론이 아니다.

경기현장의 지도자나 선수들이 각성과 경기수행력에 대한 올바른 지식을 습득하여 경기종목과 선수의 숙련도에 따라 각성정도를 효과적으로 적용한다면 경기력을 극대화시켜 긍정적인 경기결과를 얻을 수 있다.

역U자 가설
Inverted-U hypothesis

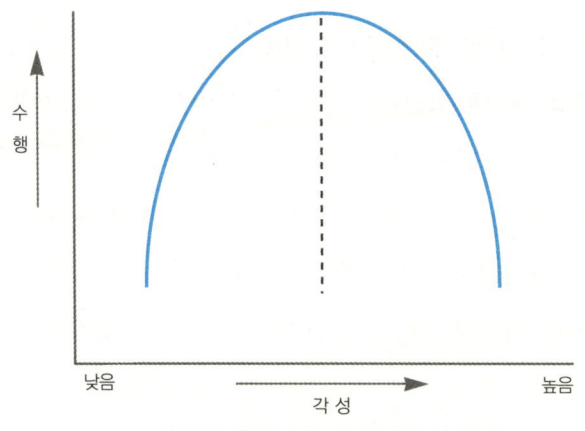

각성과 운동수행 간의 역U자 관계

추동이론은 각성이 높아질수록 경기력이 향상된다고 설명하였다.

옐케스와 도슨 Yerkes & Dodson(1908)은 각성과 운동수행의 관계를 설명하기 위해 역U자이론을 제시하였다. 각성의 수준이 상승하면 운동수행이 좋아지지만 적정 수준을 벗어나면 오히려 운동수행은 감소된다. 즉, 선수들이 경기를 수행하면서 경기의욕, 흥분, 기세, 의지, 욕구 등 각성이 지나치게 상승되거나 저하되면 자신의 잠재적 경기력을 충분히 발휘할 수 없지만 중간 정도의 적절한 각성수준에서 경기를 실행하면 최고 실력을 발휘할 수 있다는 것이다. 그러므로 역U자가설을 적정수준이론 Optimal level theory이라고도 한다.

역U자이론 Inverted-U hypothesis은 욕구이론과 유사한 부분도 있으나 차이점은 스포츠 수행에서 각성수준이 높아질수록 경기수행력이 비례적으로 상승되지만 최고 경기력에 도달한 이후에도 지속적으로 적정 각성정도를 초과하면 오히려 운동수행력은 점점 감소한다 (Cox,1994).

역U가설에서 경기수행을 가장 극대화시키는 적정 각성정도가 어느 정도인지 명확하게 파악하는 것이 가징 에매한 문제이다. 일반적으로 대근육과 소근육의 적절한 조화와 정교한 감각이 요구되는 검도, 펜싱, 레슬링, 골프, 테니스 등의 종목에서는 각성정도가 너무 높거나 낮으면 경기력이 떨어진다. 그러나 추동이론처럼 순간적으로 에너지를 발산하기 위하여 대근육을 주로 사용하는 종목에서는 각성수준을 높이는 것이 운동수행에 매우 효과적이다.

랜덜과 보우체 Landers & Boutcher는 경기수행에서 최고 기량을 발휘할 수 있는 적정 각성수준은 선수 개개인의 숙련도와 운동 종목의 특성에 따라서 유동적으로 변화될 수 있다고 한다. 대근육운동인 역도나 빨리 달리기 등 단순한 운동과제는 강도가 높은 각성에서 효과적인 수행을 보인다. 반대로 골퍼의 퍼팅이나 테니스 등 난이도가 높은 운동 과제는 비교적 강도가 약한 각성에서 효율적인 기량을 발휘한다. 그러므로 운동기량을 충분히 수행하려면 운동수행과 각성의 상호관계를 파악하여 각성수준을 상황에 따라 조절하는 능력이 중요하다.

검도경기에서 승리를 계속하는 경우에 준준결승, 준결승 그리고 결승전을 맞게 된다. 자신의 경기 컨디션이 매우 좋아 호쾌한 승리를 잡으면서 입상권에 진출했을 때 대부분 선수는 상황에서 유발되는 자극 때문에 자신의 들뜬 감정 속에 몰입된다. 중요한 경기를 맞이하여 흥분된 각성이 더욱 상승하여 최고지점을 벗어나면 주의집중의 폭이 좁아져 오히려 냉정한 판단력과 경기력이 떨어지기 때문에 스스로 흥분을 자제해야 한다. 입상권에 진입한 상대선수들은 지금까지 경기보다 기량이 높고 섬세한 순발력을 갖추었기 때문에 너무 저하되거나 과잉 각성보다는 적절한 각성상태에서 신중하고 침착하게 대적하는 전략이 효과적인 경쟁심리기술이다.

각성수치	각성정도	스포츠 종목
1	아주 낮은 각성	양궁, 사격 골프퍼팅
2	약간 낮은 각성	검도, 펜싱, 테니스 야구투구, 다이빙
3	중간 각성	축구, 농구, 배구, 레슬링 복싱, 유도, 체조
4	약간 높은 각성	단거리달리기 멀리뛰기
5	최고 각성	역도, 100m(200m)달리기, 윗몸일으키기, 미식축구 태클

종목별 각성정도 도표

최적수행지역이론
Zone of Optimal Functioning, ZOF

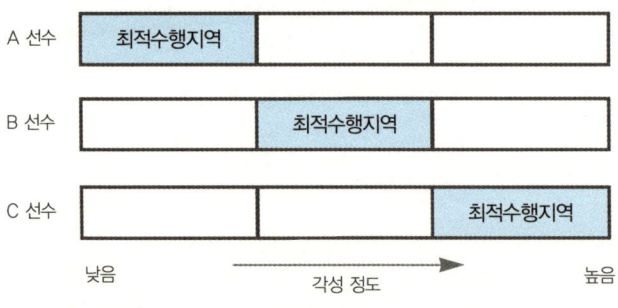

최적수행범위

최적수행지역이론 Zone of Optimal Functioning, ZOF은 소련의 스포츠 심리학자 유리 한닌 Yuri Hanin에 의해 역U자가설의 문제점에 대한 보완으로 제안되었다.

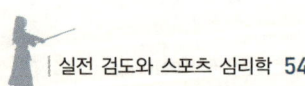

역U자가설에서는 선수들이 최고 경기를 수행하기 위하여 적정수준의 각성정도가 중간에 고정된 한 점으로 파악하지만 최적수행지역 이론은 각성(불안)과 최고 경기력 사이에 반드시 일정한 수준이 아니라 선수나 경기상황에 따라서 적정 각성범위가 달라질 수 있다.

선수들은 적절한 각성수준에 도달했을 때 주의집중의 폭, 순발력, 판단력, 감정조절, 불안조절, 신체이완 등의 긍정적인 반응으로 경기력이 상승하기 때문에 잠재적인 기량을 최고로 발휘할 수 있다. 그러나 최고 각성수준은 역U이론처럼 절대적으로 고정된 중앙의 수치가 아니라 개인의 숙련도, 운동종목 그리고 경기상황에 따라서 유동적으로 범위가 조정될 수 있다. 선수들은 경기수행에 있어서 다른 선수와 구별되는 각자 고유한 각성수준이 있지만 자신의 숙련도, 상대선수의 기량, 자신의 컨디션, 경기상황 등 운동을 수행하는 과정에서 직절히 각성의 범위를 조절하여 최고 경기력을 발휘할 수 있도록 해야 한다.

검도경기를 수행하면서 1차전 때 고조된 각성수준과 경기수준이 점점 상승하는 준결승이나 결승전에서 각성정도의 범위는 당연히 달라져야 한다. 자신의 경기력, 상대의 실력, 자신의 컨디션, 경기의 중요성 그리고 경기상황의 다양한 변인에 따라서 최적의 각성정도를 총체적으로 판단하여 경기를 수행한다면, 경기흐름에 대한 주의집중의 폭이 적절하기 때문에 올바른 판단과 민감한 순발력이 촉진된다. 그러므로 선수들은 적절한 각성과 경기감각과 컨디션이 조성되면 최고 경기력을 발휘하여 매우 긍정적인 경기결과를 성취한다. 그러나 역동적인 경기상황에서 자신의 경기력을 극대화시키기 위하여 최적 각성정도를 올바르게 파악하는 것은 결코 쉬운 문제는 아니다. 이러한 적정 범위를 벗어나면 경기력은 떨어진다. 선수는 경기를 수행하면서 자신의 체력상태, 상대선수의 기량, 나의 컨디션, 몇 회전 경기, 심지어는 경기 도중 현재 스코어와 남은 시간 등 전체 경기흐름을 지속적으로 점검해야 한다. 종합적인 판단에 따라서 적절한 각성수준을 조절하여 잠재적 실력 발휘와 긍정적인 경기결과를 얻도록 노력해야 한다.

생각중지 Thought Stopping

선수들은 스포츠 수행 동안 머릿속에서 끊임없이 발생하고 해소를 반복하는 부정적인 심리작용(불안, 긴장, 초조, 두려움 등)을 체험하면서 지속적으로 마음의 동요를 일으킨다. 이러한 부정적인 심리는 경기수행에서 생리적인 증상(아드레날린, 노르아드레날린 과잉분비, 근육경직, 호흡이 빨라짐, 심박수 증가, 혈압 상승, 갈증, 구토증상, 몸이 떨린다. 머리가 멍해진다. 화장실을 자주 간다. 무기력 등), 심리적 증상(두려움, 초조, 부정적 예측, 긴장, 집중력 상실, 의욕상실, 판단력 둔화, 위축감), 행동적 증상(안절부절, 손발을 떤다. 말이 빨라짐, 말 더듬, 목소리가 높아진다, 하품 등)을 촉진시켜 정상적인 기량을 발휘하는데 상당히 어렵게 만든다.

경기수행에서 지나친 불안, 초조, 긴장, 부정적인 예측은 지속적으로 경기에 부정적인 영향을 미친다. 이러한 인지적 불안을 억제하기 위하여 의식적으로 "중지", "그만"이라는 외침을 자신에게 해야 한다. 이러한 심리언어를 이용하여 불리한 상황에서 스스로 신선한 각성을 유도하고 감정을 긍정적으로 전환시킨 후 시합불안을 정지시키는 심리기술을 '생각중지'라 한다.

마턴 Martens(1987)은 운동수행과정에서 부적절한 생각이 일어날 때 이를 '정지'시킬 수 있는 신호로 "정지"라는 소리를 질러 부정적인 생각의 악순환적인 진행을 억제하는 것을 '생각중지'의 심리기술이라 하였다. 그리고 '생각중지'의 심리기술에 의하여 부정적인 생각이 통제되고 억제되었을 경우 독백 self talk, 인지재구성, 감정전환, 심상 등 적절한 심리기술을 함께 활용하여 긍정적인 사고로 대체시킨다면 '생각중지'의 극적 효과와 경기력은 더욱 향상된다.

평소에도 운동현장에서 '생각중지'의 심리기술을 자주 활용하여 충분히 숙달시킨다면 실제 경기수행에서 효과적으로 이용할 수 있다. 그리고 악순환적인 경기심리의 고리를 차단하여 매우 긍정적으로 경기수행을 유도할 것이다.

검도대회에 출전하면 다양한 상황을 맞이하면서 부정적 경쟁심리를 반복적으로 경험한다. 이러한 심리는 교감신경을 강하게 자극하여 'fight and flight response' 현상으로 심리적 불안. 행동적 불안, 신체적 불안을 유발한다.

선수가 시합 전이나 과정에서 일어나는 부정적 정서를 효과적으로 극복하지 못하면 잠재적 경기력이 급격히 저하되어 충분한 기량을 발휘할 수가 없다. 결국 이러한 선수는 부정적 경기심리문제가 거의 발생하지 않는 연습경기에서만 뛰어난 기량을 발휘하는 '연습용 선수'로 전락되기 싶다. 그러므로 간편하고 효과적인 '생각중지'의 심리기술을 적절히 사용하면 스스로 불합리한 경쟁심리를 극복할 수 있다. 그래서 검도선수는 연습용 선수가 아니라 우수한 '경기용 선수'가 되기 위하여 자신에게 발생하는 부정적인 심리현상에 관한 심리적 신체적 행동적 메커니즘 mechanism을 올바르게 인식하고 대처해야 한다.

마레스 Mares(1987)는 '사고 정지'라는 심리기술의 활용방법을 제시했다.

첫째, 부정적인 생각을 유발하는 원인을 정확하게 이해한다.

둘째, 부정적인 생각은 운동수행에 방해가 된다는 사실을 인식한다.

셋째, 부정적인 생각이 발생하면 이것을 정지시킬 수 있는 효과적인 신호를 익혀둔다.

예를 들면, '정지'라고 말하거나, 손바닥을 맞부딪쳐 '짝' 소리를 내면서 '그만'이라고 외친다.

넷째, 부정적인 생각을 정지시킨 후 긍정적인 생각으로 전환한다.

다섯째, 평소 운동경기에서 충분히 활용하여 숙달시킨다.

인지재구성
Cognitive restructuring

세계적으로 유명 선수들은 스포츠 경기에서 무엇보다 경기자의 심리 상태가 경기결과에 가장 영향을 많이 미친다고 주장한다.

선수들은 대회를 준비하고 시합과정에서 다양한 심리문제에 직면한다. 기술과 체력 훈련에 대한 근심뿐 아니라 앞으로 수행할 경기에 대해 스스로 비관적인 상황을 예측(불리한 대진표, 경기 당일 컨디션, 초반 탈락의 창피함, 관중의식, 장비문제, 강한 상대의 만남 등)으로 마음의 동요를 일으킨다. 현장에서 직접 전개되는 현실은 아니지만 이러한 인지적인 불안은 선수들이 극복하기 어려운 장애물이다. 그리고 당일 경기현장에서 익숙한 죽도 분실 및 파손, 경기 지연, 경기순서 변경, 경기장 지각 등 예상치 못한 상황에 직면하면 부정적인 심리(초조, 당황, 긴장 등)가 발생하여 주의집중이 분산되고 판단력이 둔감해진다. 이러한 경기불안과 긴장을 효과적으로 극복하지 못하면 충분한 기술을 연마한 우수한 선수들도 잠재적인 경기력이 저하되어 실력을 정상적으로 발휘할 수 없다.

일반적으로 선수들의 부정적인 예측과 걱정은 시합을 준비하면서 열심히 훈련하는 자신들에게 자신감과 의욕을 저하시키는 동시에 불안감을 더욱 상승시켜 시합에 상당히 방해가 된다. 결국 이러한 심리적 동요는 치열한 경기에서 자신의 실력을 충분히 발휘 못하는 결과로 이어진다. 그러므로 선수들이 경기에 대한 불안한 경쟁심리(부정적인 예측, 근심, 걱정, 초조, 긴장 등)를 감소시키고 긍정적인 생각(가능성, 책임감, 자신감, 패기, 용기, 모험심, 도전정신, 목표설정 등)으로 심리 전환하여 자신의 실력을 최대로 발휘시키는 스포츠심리기술을 인지재구성이라 한다.

인지재구성은 불투명한 경기상황에 대한 부정적인 예측을 함으로써 촉진되는 부적절한 경쟁심리(근심, 걱정, 긴장 등)의 원인들을 냉철하게 분석하여 합리적이고 현실적인 생각으로 인식 전환시키는 것이다. 자신의 능력으로 통제가 불가항력적인 요인(대진운, 심판판결, 상대 실력, 날씨 등)에 대해서는 심리적인 혼란을 차단하고 불안을 감소시키기 위하여 더 이상 신경을 쓰지 않는 것이 가장 효과적이다. 한편 경기력을 극대화시킬 수 있도록 자신의 노력, 의지 등을 통해 성취할 수 있는 과제는 최선의 노력을 집중해야 한다.

선수들은 평소 친숙한 수련 공간과 동문들에게 익숙하기 때문에 편안한 마음으로 연습을 수행할 수 있다. 그러나 검도대회 출전을 위해 넓은 체육관에 도착하는 순간 이색적인 주변 환경과 낯선 선수들의 경쟁적 움직임에 교감신경이 강한 전투적인 자극(불안, 긴장, 초조, 두려움, 근심, 당황 등)을 받아 몹시 심리적인 혼란을 경험한다. 점점 다가오는 출전의 순번은 다급한 마음을 더욱 충동질한다. 초조하고 불안한 심리는 심한 갈증을 일으키고 어찌할 바를 몰라 안절부절하는 정신은 머릿속을 멍한 공황상태로 몰고 간다.

경기를 위하여 선수 개시선으로 출전하는 순간 죽도를 올바르게 쥐고 있지 못할 검도의 무력증과 함께 빠르게 큰소리로 박동하는 심장은 이미 경기 전에 호흡을 점점 가쁘게 만든다. 이처럼 경기현장에서 부정적인 심리(긴장, 불안, 초조, 의욕상실 등)로 인하여 자심감과 집중력이 떨어져 평소 자신의 정상적인 기량을 충분히 발휘하지 못하는 선수들이 많다. 이런 선수들은 인지재구성심리기술을 경기수행을 위해 제한적인 사용보다는 평소 생활에서 충분히 적용하여 건강한 생활을 영위할 수 있다면 경기에서 더욱 친숙하고 쉽게 활용할 수 있다.

전환이론, 감정전환, 마턴^{Martens}의 심리에너지이론

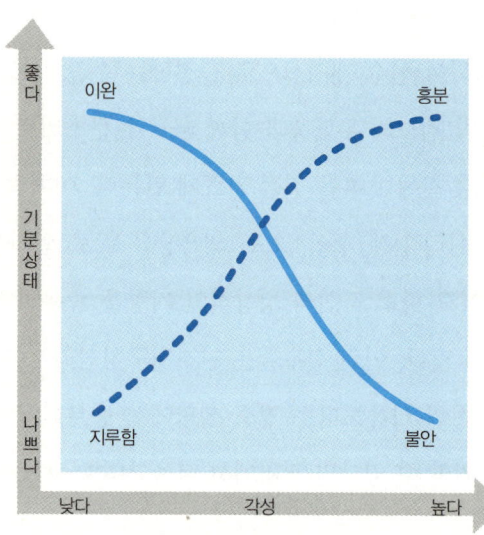

전환이론의 각성과 정서관계

전환이론은 스포츠심리학자 켈^{Kerr(1987)}이 주장한 이론으로 현재 자신이 느끼는 각성상태를 해석하는 방법에 따라서 각성과 심리정서의 관계가 달라진다는 것이다. 켈의 전환이론은 동일한 상황에서도 인식의 차이로 각성과 정서의 관계가 긍정적이거나 부정적일 수 있다. 예를 들어, 검도선수가 자신의 고조된 각성상태를 흥분이나 호기심으로 받아들인다면 긍정적인 감정이 발생한다. 그러나 불안이나 초조로 해석한다면 부정적인 감정이 촉진되어 기분이 불쾌해진다. 그러므로 자신의 정서변화가 각성정도를 해석하는 방법에 따라서 순간적으로 전환될 수 있다.

감정전환은 전환이론과 비슷하지만 각성수준, 정서 그리고 운동수행과의 관계를 나타내는 것이다. 불리한 운동수행에서 발생하는 경쟁정서(분노, 패배의식, 의욕상실, 좌절감 등)가 각성을 상승시켜 경기수행을 더욱 악화시킨다. 그러나 부정적인 정서(오기, 기세, 근성, 모험심 등)를 긍정적인 감정으로 전환시키면 긍정적인 운동결과를 얻을 수 있다.

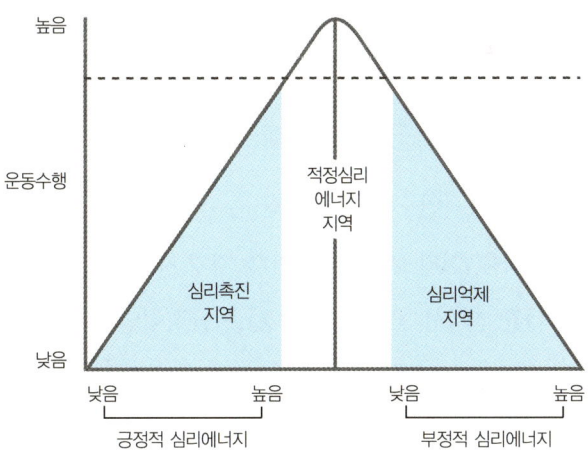

마턴의 심리에너지 이론

마턴 Martens의 심리에너지이론은 각성을 해석하고 수용하는 방법에 따라서 운동수행이 달라진다는 주장이다. 그는 선수들이 경쟁정서의 각성을 긍정적인 심리로 해석하면 경기수행에 도움이 되는 긍정적인 에너지가 발생하고, 부정적인 심리로 해석하면 부정적인 에너지가 발생하여 경기력을 떨어뜨린다는 것이다. 모든 선수는 부정적인 에너지와 긍정적인 에너지를 동시에 소유하고 있다. 운동수행에서 동일한 생리적 각성을 긍정적으로 인식하면 긍정적인 심리에너지가 발생하여 자신의 기량을 최대로 발휘할 수 있다. 그러나 부정적으로 인식하면 부정적인 에너지가 발생되어 기량을 제대로 발휘 못해 최악의 경기를 수행한다.

검도대회를 준비하면서 선수들은 경기 전부터 종료될 때까지 다양한 스포츠심리를 경험하게 된다. 섬세한 감각을 요구하는 검도경기에서 경쟁심리는 승패에 매우 중요한 역할을 한다. 대회에서 상승된 각성의 부정적인 경쟁심리는 단련된 체력과 노련한 기술을 충분히 발휘 못하는 원인으로 자주 작용된다. 그러므로 선수는 경기를 수행하면서 경험하는 부정적인 경쟁심리(불안, 무력감, 의욕상실, 긴장, 초조, 부정적 예측, 두려움, 염려 등)와 원인(지각, 경기 지연, 강한 상대선수, 불리한 대진표, 나쁜 컨디션, 대회 분위기 등)을 긍정적인 감정(오기, 패기, 근성, 끈기, 자신감, 모험심, 도전의식 등)으로 인식하여 자신의 실력을 최대로 발휘할 수 있는 긍정적인 심리에너지로 전환시켜야 한다.

2-07   심상 Imagery

밸리와 왈터 Vealey & Walter(1933)는 일상에서 경험한 기억을 저장하였다가 필요에 따라 모든 감각을 이용하여 의식적으로 그 경험을 회상하거나 새로운 이미지로 재창조하는 것을 심상이라 하였다.

심상은 스포츠 수행의 효과를 극대화시키기 위하여 다양하게 적용할 수 있다. 이러한 심상의 효과적인 활용을 위하여 체계적으로 훈련하는 것을 심상훈련 imagery training이다. 유사한 의미로 정신훈련 mental training, 정신연습 mental practice, 상징적 학습 symbolic rehearsal 등이 있다.

머릿속에 저장된 기억을 심상을 이용하여 구체적으로 회상하거나, 직접적인 경험은 아니지만 이전에 저장된 다양한 기억들을 조합하고 재구성하여 새로운 이미지를 상상할 수 있다. 이런 경우에 부분적인 감각기관만 이용하는 것보다 모든 감각기관(시각, 청각, 촉각, 미각, 후각 등)을 활용하여 입체적으로 이미지를 창조하는 것이 더욱 선명한 느낌을 얻을 수 있어 심상의 효과는 증가한다.

스미스 Smith(1990)는 심상의 활용은 불안한 정서를 통제하는 심리적 기능과 운동의 동작을 기억하거나 특정한 동작을 숙달하기 위한 신체적 기술훈련에 유용하다고 발표했다.

뇌는 심상을 통한 경험도 실제 경험에 의한 정보처럼 인식하여 뇌신경 회로를 형성하여 기억할 뿐 아니라 운동신경을 통하여 동작에 해당되는 근육에 뇌의 명령이 전달되어 미세한 전기 반응이 일어난다. 1931년 야콥슨 Jacobson은 이러한 현상을 처음으로 과학적인 검증을 하였다. 그는 어떤 동작을 상상할 때 그 동작이 일어나는 근육에 침습적인 전기반응을 조사한 결과 실제 동작에 의한 근육의 움직임에 비교하여 16~17%의 근육 수축이 발생한다는 것을 발견하였다. 쉰 Suinn은 스키선수들이 활강의 구체적인 동작을 상상할 때 실제 운동을 할 경우와 비슷한 근육의 수축 반응을 확인하였다. 테릭 오릭과 파팅톤 Teric Orlick & Partington에 의하면 1984년 올림픽에 참가한 캐나다 선수들은 99%가 심상을 활용하여 긍정적인 경기결과를 얻었다고 한다.

무대에서 활동하는 연극인이나 무용수들이 이전에 경험 없는 낯

선 무대에 대한 긴장이나 초조함을 느낄 때 심상을 이용하여 미리 공연하는 장면을 상세히 회상함으로 무대불안을 감소하고 실제 현장에서 더욱 편하게 적응할 수 있다는 연구결과가 많다. 운동선수들도 심상을 효과적으로 활용하면 경기현장의 이색적인 분위기에서 발생하는 혼란스러운 감정을 이완시키고 안정된 심리에서 경기수행을 할 수 있다.

그러므로 심상은 마음의 기술로 선수들의 현장적응과 동작에 대한 입체적인 이미지를 지속적으로 회상한다면 기술동작의 숙달에 많은 도움이 된다. 또한 스포츠 현장에서 심리적인 혼란을 경험할 경우 심상을 이용하여 뇌에 신선한 정보를 제공한다면 심리적인 안정과 긍정적인 생리반응을 회복시킨다.

검도선수들은 심상의 심리기술을 다양한 방법으로 수련과정이나 민감한 경기에 적극적으로 활용한다면 매우 긍정적인 효과를 경험할 것이다. 심상을 이용하면서 검도를 수행하는 경우 동작 영상에 해당되는 근육에 실제 동작과 유사한 자극과 근육운동의 기억을 효과적으로 인식시킨다. 그러므로 심상훈련은 검도를 충실히 수련할 수 있는 간접 방법으로 활용이 가능하다. 평소 수련장에서 혼자 동작을 연마할 때 이상적인 자세를 머릿속에 상상하면서 실천한다면 심상 없이 무의식적으로 허공이나 대상을 상대로 수련하는 것보다 훨씬 효과가 있다. 그리고 경기에서 다양한 부정적인 심리상태를 경험할 경우 인지재구성, 감정전환, 전환이론, 마턴 Martens 의 심리에너지이론과 함께 심상을 이용하여 경쟁심리를 안정시켜 자신의 잠재적인 실력을 극대화할 수 있다.

경기에서 의욕상실이나 무력증이 발생하여 경기의욕이 저하된다면 자신이 멋있게 경기를 수행하여 단상에서 우승트로피를 받는 영상을 상상함으로 신체에 각성과 활력을 불어 넣을 수 있다. 그리고 다가오는 경기의 중압감으로 너무 긴장하고 불안하여 부정적인 심리, 생리 증상이 유발되면 조용한 장소를 찾아 지난 날 즐겁고 유쾌한 추억을 실제 장면과 같이 상상하면 신선한 감정을 일으켜 초조하고 불안한 마음을 떨쳐버릴 수 있다.

한편 선수들이 오랫동안 경기 순서를 기다리면서 불안한 심리를 안고 다른 선수들의 경기들을 심각하게 주시한다면 경쟁적이고 전투적인 정보가 뇌에 전달된다. 뇌는 마침 자신이 경기수행을 하는 것처럼 착각하고 심상을 일으켜 지속적으로 교감신경에게 자극을 주어 각 신체에 '투쟁 및 도피 반응 fight and flight response' 을 일으킨다. 결국 교감신경의 반응에 의해 강력한 각성 호르몬인 아드레날린이나 노르아드레날린이 과잉 분비되어 부작용으로 심리적, 생리적 부정반응(불안, 초조, 긴장, 두려움, 부정적인 예측, 신체 경직, 무력증 등)을 일으킨다. 그러나 시합 직전 한두 경기의 관전은 뇌에 전투적인 정보를 전달하여 교감신경을 자극하면 경기에 적절한 각성의 생리 상태를 유도할 수 있다.

심상은 연습과 실제 경기를 위한 효과적인 기술이다. 심상은 경쟁적이고 심리적 압박의 상황을 미리 연습하고 간접적 경험으로 적절히 활용한다면 선수들에게 자신감을 높이고 심각한 심리적 중압감을 극복하여 긍정적인 경기결과를 얻을 수 있다.

2-08 호흡조절 Deep breathing

운동선수들은 경기현장에서 경쟁적인 대회분위기와 시합의 부정적인 예측으로 발생되는 복잡한 심리작용에 따라 인지적, 신체적, 행동적 불안증상이 나타난다. 이러한 부정적 증상은 근육을 경직시키고 올바른 판단력과 주의집중력을 분산시켜 자신의 기량을 충분히 발휘하는데 큰 장애가 된다. 그러므로 선수들이 경험하는 부정적인 심리증상의 감소나 제거가 중요한 과제라 할 수 있다.

호흡근절기술은 경기 불안증상을 적절하게 제거할 수 있는 간편한 방법이다.

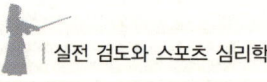

선수들이 전투적이고 불안한 경기상황에 직면하면 본능적으로 자신을 보호하려는 투쟁이나 도피 반응 fight and flight response에 의해 교감신경이 자극을 받아 강력한 각성제인 아드레날린, 노르아드레날린을 분비 시킨다. 이러한 강한 각성호르몬의 영향으로 혈관수축, 심박수 증가, 혈압 상승 등의 증상과 함께 뇌에 충분한 혈액이 공급되지 못하므로 산소부족현상이 일어난다. 뇌 산소부족은 '멍~'한 뇌의 생리상태와 정신적 공황상태가 되어 정상적인 사고와 판단을 어렵게 한다. 결국 근육긴장, 짧은 호흡, 빠른 심장 박동, 두려움, 초조, 의지력 상실, 안절부절, 손발 떨림 등으로 경기수행에 결정적인 영향을 미친다.

스포츠심리학자들은 간편하면서도 경기수행에 긍정적인 영향을 미치는 호흡조절에 많은 관심을 갖는다. 벤손Benson은 적절한 호흡법은 뇌하수체 기능에 영향을 미쳐 교감신경의 활동 감소와 함께 부교감신경계의 자극으로 아세틸콜린 분비 그리고 근육과 긴장을 이완시킨다고 한다. 또한 호흡은 인체 내 모든 생리적 작용에 필요한 산소를 공급하고 이산화탄소 등 불필요한 노폐물을 제거시킨다.

적절한 호흡법의 생리적 효과는 심폐기능 향상, 혈중 젖산농도 감소, 혈압저하, 심박수 저하, 최대산소섭취량의 증가, 경직된 근육 이완의 변화를 준다. 심리적 효과는 불안, 스트레스, 초조, 긴장의 해소가 있다. 다시 말하면 깊은 호흡은 뇌에 충분한 산소를 제공하여 경직된 근육을 효율적으로 조절하고 심신을 이완시키는 간략한 방법이다.

단전호흡은 호흡명상을 통한 자기조절법으로 단전부위에 집중적인 의식을 하면서 호흡하는 이완술이다. 그리고 혈의 원활한 순환을 통해서 정서적 안정과 정신력을 강화시켜 신체와 정신의 조화를 이루게 한다. 이러한 효과는 경기상황에서 선수들의 과잉 긴장, 지나친 각성상태, 정신적 공황상태에 의한 심리적, 신체적인 불안감을 회복시키는데 매우 유리한 스포츠심리기술이다.

경기장에서 초조하게 시합을 기다리는 선수는 엄청난 불안과 스트레스의 연속이다. 특히 임박한 자신의 시합을 위하여 장비를 착용하고 다른 선수들과 순서를 기다리고 있을 때 초조한 긴장감은 극대화된다. 이러한 심리적 상태에서는 교감신경의 활동에 의해 신체의 근육과 함께 혈관이 수축되어 피의 흐름이 원활하지 못하다. 뇌의 무게는 신체에 비하여 약 2% 차지하지만 피와 피 속의 헤모글로빈을 통해 운반되는 산소의 소비는 거의 25% 정도로 엄청나다. 그러므로 혈관의 경직에 의해 혈액의 순환이 적절하지 못하면 제일 먼저 머리에서 민감한 이상증상이 나타난다. 결국 머리에 산소의 공급이 부족하기 때문에 머리가 '멍~' 하여 정확한 판단과 생각을 할 수 없는 공황상태로 추락한다. 이런 상태에서 적절한 각성상태나 판단력이 부족하여 순발력이 둔화되고 경기를 어떻게 풀어나갈 것인가에 대한 사고력이 떨어진다.
　　머리의 혼란 증상을 해결할 수 있는 가장 간단하고 효과적인 방법은 깊은 복식호흡을 몇 번 실시하는 것이다. 심호흡은 교감신경의 자극을 감소시키고 부교감신경을 활성화시켜 아세틴콜린이 적절히 분비되면 혈관이 유연하게 되어 피의 순환이 원활하게 된다. 그래서 뇌와 몸 깊숙한 곳까지 산소공급이 충분하여 정신은 맑게 회복되며 신체는 점차 이완된다. 심호흡은 격렬한 경기수행을 하는 과정에서도 호흡이 거칠어지면 간단히 실시하여 경기 효과를 더욱 증진시킬 수 있다. 그러므로 우수한 선수는 평소 일상에도 이러한 심리기술을 지속적으로 활용하여 경기에서 더욱 익숙하게 적용할 수 있어야 한다.

하리스Harris(1986)의 단전호흡 요령은 다음과 같다.

1. 바른 자세로 앉거나 선 자세를 취한다.
2. 코로 호흡한다.
3. 윗배는 움직이지 않고 배꼽 밑 단전만 움직이도록 숨을 들이쉰다(천천히 넷을 센다).
4. 잠깐 숨을 멈춘다.
5. 천천히 숨을 입으로 내쉬면서 폐에 공기가 모두 나가도록 한다(천천히 넷을 센다).
6. 천천히 넷을 세면서 숨을 멈춘다.
   그리고 다시 처음 과정을 자연스럽게 반복한다.
   호흡이 익숙해지면 호흡이 점점 길어진다.
   일상에서 단전호흡을 충분히 익혀두면 정서적 안정뿐 아니라 절박한 경기상황에서도 효과적으로 활용하여 운동 수행력에 많은 도움이 될 것이다.

2-09 독백 Self talk

실존주의 철학자 하이데거 Martin Heidegger는 인간과 언어의 밀접한 관련성을 다음과 같이 표현했다. "언어는 존재의 집이다." 그리고 언어학자 촘스키 Avram Noam Chmsky는 "언어는 사고를 지배한다"고 하였다. 인간은 언어를 매개로 사유한다. 그리고 언어는 인간의 사고와 의식을 지배하기 때문에 감정 형성과 행동에 큰 영향을 미친다.

언어심리학에서 '말'을 하는 언어적인 표현 행위는 일정한 정신적 작용과 의지적인 행위를 전제로 하기에 인간은 말을 배우는 순간부터 의식이 시작된다.

사람의 정서와 내면은 사용하는 말에 의해 의식화되고 판단되므로 일상 언어습관은 사람의 행동방식이나 태도를 결정하는데 중요한 작용을 한다. 그러므로 언어는 감정과 의사를 표현, 전달하는 도구 이외에 자신이 말한 의미를 생각하고 어떻게 행동할 것인가를 판단하는 기능을 갖는다.

크로니 Chroni(1997)는 '언어뿐 아니라 몸짓이나 미소 등의 비언어적인 형식으로 표현되는 독백은 자신의 행동과 동작을 조절하고 통제하며 보다 심층적인 사유로 유도하는 역할을 포함하고 있다' 는 것이다. 그리고 웨이스겔버 Weisgerber는 '언어습득은 그 언어 속에 실현되어 있는 언어 공동체의 세계상에 알맞게 자신의 의식을 주도하는 것이다' 고 주장하였다.

윌리암과 레핑웰 Williams & Leffingwell(1996)은 '선수들이 스포츠 상황에서 나쁜 습관 교정, 주의집중, 사고전환, 각성의 조절, 정적 강화, 자신감 향상 그리고 참여 동기를 높이기 위하여 자신에게 말하는 심리기술을 사용한다' 고 주장한다.

선수들이 경기현장에서 인지적 불안과 긴장 해소, 자신감 강화, 감정조절 그리고 잘못된 동작 교정을 위하여 자기 자신에게 말하는 것이 독백獨白이다.

선수들이 운동수행 과정에서 자신의 동작에 대하여 실시간 독백의 객관적인 지도를 적절히 활용한다면 자신감의 강화와 잘못된 행동을 스스로 조절할 수 있어 학습 강화와 경기력 향상의 효과를 충분히 얻을 수 있다.

운동수행에서 습관화된 나쁜 동작을 무의식적으로 실행했을 경우 지도적 독백을 통하여 자신에게 잘못된 부분의 지적과 동시에 올바른 동작 - "몸이 너무 경직되어 있어 힘을 좀 빼", "체중을 한곳에 싣지 말고 몸 전체에 골고루 분산시켜야 해", "가슴에 힘을 빼고 단전에 힘을 실어", "오른손보다 왼손에 힘을 넣어" 등 - 을 인식시킨다면 잘못된 습관을 효율적으로 교정할 수 있다. 강한 상대나 부정적인 경기 상황을 맞이하여 의욕이 상실될 때 스스로 자신에게 동기적 독백을 활용하여 용기를 북돋운다. - "겁먹지 말고 자신감을 가져", "넌 잘할 수 있어, 용기를 내", "상대도 너를 무서워 해" 등 - 그러나 자신이 긍정적인 운동 기량을 발휘한 경우에 더욱 자신감을 심어주기 위하여 정적 강화의 독백 - "그래, 잘 하고 있어", "오늘 감각이 좋은데", "우승 가능성이 충분히 있겠는데", "상대가 나한데 위축되었어" 등 - 을 활용한다면 더욱 기량이 극대화 될 것이다.

그러나 언어는 사용 방법에 따라서 정서와 의식 형성에 긍정적인 작용뿐 아니라 제한적 기능을 할 수 있다. 많은 선행연구에서 '부정적인 독백은 부정적인 경기결과를 가져온다' 고 밝히고 있다. 실망스러운 자신의 수행에 관하여 긍정적이고 학습적인 독백보다는 혐오적이고 자기 패배주의적 독백 - "바보같이", "왜 이래 오늘", "도저히 가능성이 없어", "실력이 정말 형편 없네" 등 - 을 사용한다면 스스로 자신감을 저하시키는 결과를 유발한다. 자신감과 마음의 집중을 절대적으로 요구하는 섬세한 운동수행에서 자기 비하적 독백은 나쁜 감정을 자극하여 과잉 긴장과 불안감을 더욱 가중시킨다. 결국 이러한 독백은 기량을 비정상적인 수행결과로 이어진다. 그러므로 선수들이 운동수행에서 독백을 사용하는 방법에 따라서 경기력에 미치는 영향은 큰 차이가 있다.

스포츠심리학적인 차원에서 선수들이 습관적으로 사용하는 독백은 주의집중, 자신감, 불안 조절, 동작 교정 등 운동수행과 깊은 관련이 있다. 그러므로 역기능을 촉진시키는 패배주의적인 독백을 지양하고 긍정적인 독백의 전략으로 전환하여 경기력을 극대화시켜야 한다.

선수들이 다양한 상황 속에서 만족스러운 수행을 시도할 경우도 있지만 스스로 실망스러운 동작과 경기 운영을 실행할 때가 많다. 이런 경우 부정적인 피드백보다는 긍정적인 피드백을 자신에게 요구하는 방법이 문제 해결에 도움을 준다. 실수나 부족한 동작이 일어났을 경우에도 — "바보같이", "왜 이래 오늘", "도저히 가능성이 없어", "실력이 정말 형편 없네", "도무지 검도에 소질이 없어", "다음 상대는 너무 세다" 등 — 부정적인 자기인식보다는 — "겁먹지 말고 자신감을 가져", "넌 잘 할 수 있어, 용기를 내", "상대도 너를 무서워 해", "누구나 실수는 할 수 있는 거야" 등 — 자기확신적인 격려와 배려를 한다면 심신은 안정되어 더욱 기대되는 기량을 발휘할 것이다. 그리고 자신이 경기를 만족스럽게 수행하고 있다면 스스로 정적 강화의 피드백을 통해 — "그래, 지금 잘하고 있어, 끝까지 잘해 보자", "이번 경기는 승리했지만 각성이 조금 높았어, 다음 경기에서는 실력 있는 상대와 대적하니 각성정도를 조금 낮추어 신중하게 경기해야지!" 등 — 독

백을 활용하여 자신감을 불어넣고 스스로 자신을 통제한다면 더욱
훌륭한 경기수행을 할 것이다.

시합반성
Competition reflection

경기수행은 다양한 요소들이 종합적으로 응축되어 경기력으로 실행되는 것이다. 선수들은 격렬한 경기수행을 하면서 기술과 체력의 한계뿐 아니라 심리적인 문제(불안, 긴장, 두려움, 자신감 상실 등)에 부딪쳐 어려움을 경험한다. 연습에서 경험하지 못하는 여러 변인들이 경쟁적인 시합상황에 영향을 미치면서 승패를 좌우하는 경우가 많다. 그러므로 우수선수는 대회 전에 경기를 대비하여 성실히 훈련을 준비하지만, 더욱 중요한 사실은 경기 후 자신의 경기과정과 결과에 영향을 끼친 다양한 원인들을 철저히 분석하고 재학습 강화를 통해 기량 향상에 최선을 기울인다.

한명우(1996)는 엘리트 유도선수들이 시합에서 최고 경기력을 발휘한 심리요인을 조사하였다. 선수들은 시합 전에 긍정적인 예측, 평안한 마음, 시합에 집중, 시합준비 확인, 전략에 대한 집중, 동기부여 전략 등이며, 시합수행 과정에서는 주의집중, 자신감, 몸에 대한 긍정적인 느낌, 전략에 집중, 집중 - 재집중 등에 충실한 것으로 나타났다.

테릭 오릭과 파팅톤Teric Orlick & Partington(1988)은 올림픽에 출전하는 모든 종목의 선수들을 조사한 결과, 메달획득을 위한 최고 경기력 수행에 대한 공통적인 심리 구성요인을 발견하였다. 긍정적인 경기 결과를 위해 기술, 체력에 대한 충분한 훈련 외 경기에 직접적으로 영향을 미치는 심리기술(명확한 목표설정, 심상훈련, 모의훈련, 시합상황을 위한 철저한 정신적 준비 등)에 노력을 기울이고 있다.

한명우, 장덕선 외 많은 외국의 스포츠심리학자들이 경기결과에 결정적인 영향을 미치는 변인들을 연구 분석하였다. 이들은 섬세한 기술과 강인한 체력보다는 시합상황에서 경험하는 독특한 심리적 요인을 극복하는 것이 더욱 중요하다고 언급하였다.

"시합은 연습처럼, 연습은 시합처럼!"

이런 가르침에는 스포츠심리학 해석이 그 의미를 더욱 정확하게 해석할 수 있다. 스포츠 현장에서 경기력 향상의 긍정적 효과를 이끌어 내는 경쟁심리 전략으로 활용해야 한다. 즉 연습은 주의집중을 흩트리지 않고 절박한 시합처럼 성실히 수련해야 한다. 그러나 시합에서 과잉 각성과 불안한 정서로 경기에 지나치게 집착하면 자신의 잠재적 기량을 충분히 발휘하지 못하므로 연습처럼 심신이 이완되고 안정된 심리에서 경기수행을 하면 긍정적인 결과를 얻을 수 있는 심리지도이다.

일반적으로 우수선수들은 절박한 경기상황에서 유발되는 부정적인 심리 문제점들을 적절하게 통제하고 조절하여 체력과 기술을 극대화 시켜서 비우수선수들에 비해 긍정적인 경기결과를 성취한다. 우수선수들은 자신이 수행한 경기결과에 대하여 최고와 최악의 경기력을 수행했을 때 경험한 다양한 기술, 체력, 심리 상태를 객관적으로 파악한 후 다음 경기를 대비하여 철저하게 경기전략을 세운다.

우선 과거 경기결과에 대하여 시합반성을 "참, 잘했어", "기분이 최고다", "정말 멋진 경기였다", "창피하다", "다음에는 더 열심히 해야지" 등 감성적인 언어 표현의 평가를 한다면 학습적이고 발전적인 경험으로 축적되지 않는다. 경기과정과 결과를 평가하면서 '집중력, 불안정도, 자신감, 기량, 훈련정도, 동기, 목표의식, 감정조절, 경기전술' 등 체계적이고 이성적 언어를 사용하여 냉정하게 인과관계를 분석해야 한다. 선수들은 자신의 소중한 경기 경험을 1회의 우연한 사건으로 지나치거나 단순한 경험으로 기억하기 보다는 발전적인 경기력 향상과 성공적인 선수생활을 실현할 수 있는 토대로 삼아야 한다.

귀인이론 Attribution theory은 경기결과에 대한 원인을 분석하여 합리적인 수행동기를 찾으려는 이론이다. 귀인이론은 경기의 성공과 실패의 원인을 개인의 노력, 능력, 과제난이도, 운 등의 개념으로 분석하여 어떻게 해석하느냐에 따라서 개인의 감정, 동기, 미래 수행기대 등이 매우 큰 영향을 미친다고 주장한다.

예를 들어, 경기의 실패 원인을 자신의 '노력' 부족이 아니라 선천적인 '능력'의 부족으로 원인을 해석한다면 미래수행기대와 자신감은 더욱 낮아질 것이다. 그러나 '노력'이나 '운'에 실패의 원인을 찾는다면 긍정적인 동기를 얻을 수 있다. 선수는 경기결과에 대하여 결과지향주의 보다는 과정지향주의 평가에 의하여 결과 및 타인과의 비교가 아니라 자신과 과정에 충실하여 경기력 향상에 더 많은 관심을 가지고 연습에 충실해야 한다.

전쟁은 '병가지 상사兵家之 常事' 전쟁에서 이기고 지는 것은 보통 있을 수 있는 일이니 낙심할 것 없다는 말이다. 검도대회에서도 선수들이 다양한 경기를 수행하면서 통쾌한 승리를 할 수 있고 쓰라린 패배를 당할 수도 있다. 하지만 선수들에게 더욱 소중한 것은 실패와 시행착오를 경험하면서 지속적으로 정진하며 변화, 발전하는 수련의 길을 걷는 것이다. 그러나 실패나 성공 자체가 가까운 미래에 더 큰 성과를 이루도록 보장하는 것은 아니다. 편안하고 안정된 환경에서 연습하는 상황이 아니라 절박한 실전 속에서 경험한 검도경기의 순간순간들은 너무나 소중한 교훈이자 학습의 현장이다. 극적으로 체득한 실전 경험들을 풍부한 의미와 대오大悟의 인식전환을 얻기 위하여 과학적이고 교훈적 자료로 삼아야 한다.

그러므로 최고와 최악의 경기수행을 짜릿한 즐거움이나 처절하고 자학적인 패배의식의 후회보다는 자신의 참다운 검도수행과 발전을 위하여 철저한 시합반성이 있어야 한다.

리더십 Leadership

리더십은 스포츠 분야뿐 아니라 우리 주변에서 절실히 요구되거나 언급되는 개념이지만 정확하게 정의를 내리기는 쉽지 않다. 학자의 시각, 집단의 특성, 문화적인 차이에서 그 견해를 달리하고 있다. 이것은 자신과 두 사람 이상의 구성원에게 영향을 미치는 상황이므로 상호 복잡한 관계를 이룬다.

스톡딜 Stogdill(1950)은 리더십이 존재하기 위하여 '두 사람 이상의 구성원, 집단의 과제, 성원들의 책임 분담'의 기본 조건을 지적하였다. 그리고 헴필 Hemphill과 콘스 Coons(1957)는 리더십을 '공동의 목표를 달성하기 위하여 집단의 활동을 일으키는 개인의 행동'이라 정의한다.

스포츠심리학에서 '리더십은 설정된 공동의 목표를 성취하기 위하여 개인과 집단에 영향을 행사하는 행동과정'(Barrow, 1977)이라 밝혔다. '지도자가 공유된 목표를 향해 조직 구성원을 이끌어가는 힘(power)'(하형주, 1996)이다.

여러 학자들이 내린 정의를 살펴보면 리더십을 다음 의미로 해석할 수 있다. 리더십이란 집단 구성원들에게 공동 목표를 설정하고 설정된 목표를 효과적으로 성취하기 위해 집단의 활동에 영향력을 발휘하는 것이다. 그러므로 훌륭한 리더는 집단 성격, 설정된 목표, 리더와 상황의 상호 관계에 따라서 다양한 방식으로 영향력을 발휘해야 한다.

삼성경제연구소(1997)는 기업운영에 필요한 리더십의 요건을 유추하기 위해 성공한 스포츠 리더들로부터 공통적인 특성을 발췌하여 VICTORY 모형(비전vision, 분석intelligence, 배려consideration, 신뢰trust, 직관력outlook, 결단력resolution, 승부욕yearning)을 만들어 활용하였다(그림1). 그러므로 7가지 특성은 스포츠 지도자에게 요구되는 필수적인 조건이라 할 수 있다.

모형에서 제시되는 특성처럼 리더는 연습과 경기상황을 구분하여 리더십의 특성을 나타내야 한다. 스포츠 지도자는 팀의 승리를 위해 노련한 리더십을 발휘해야 한다. 훈련으로 힘든 선수들에게 목표달성의 비전을 제시하여 사기를 북돋우고 친밀한 배려와 함께 철저한 분석을 통해 훈련과 학습 효과를 높여 준다. 긴박한 경기상황을 맞이하여 선수들에게 승리할 수 있다는 자신감을 전달하여 승부욕을 촉진시킨다. 그리고 풍부한 경험을 바탕으로 올바른 직관력과 과감한 결단력을 발휘해야 한다. 한편 이러한 리더십을 효과적으로 발휘하기 위하여 지도자와 선수들은 항상 상호 신뢰를 갖고 적극적으로 실천할 때 공동 목표를 달성할 수 있다.

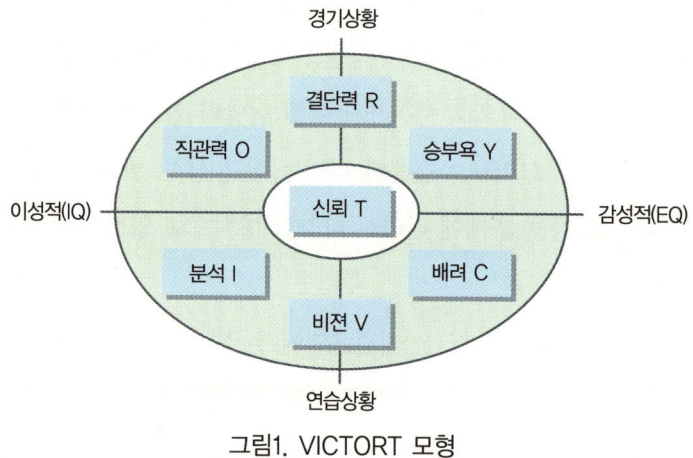

그림1. VICTORT 모형

지도자가 리더십을 발휘하는 스타일은 권위적인 스타일과 민주적인 스타일로 구분된다. 전자는 팀의 승리, 결과, 과제지향적 경향을 중시하고 후자는 선수 중심적이고 관계지향적 경향을 보인다.

피드러Fiedler(1978)는 '지도자는 자신의 특성과 상황에 따라서 지도력이 달라져야 한다' 는 가정에서 권위 중심인 과제지향적 스타일과 선수 중심의 관계지향적 스타일 그리고 경기수행관계를 다음과 같이 모형으로 나타내었다.

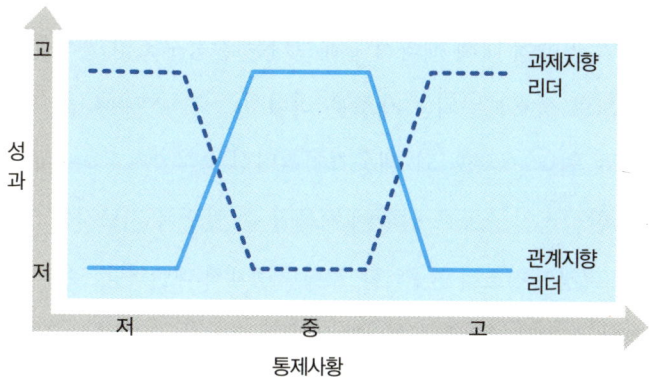

그림2. 과제지향적 리더와 관계지향적 리더의 영향력

모형에서 민주적이고 선수의 특성을 중시하는 관계지향적 지도자는 구성원들의 통제가 낮거나 너무 강하면 경기성과가 떨어지고 중간 정도일 때 가장 높다. 그리고 권위와 결과를 중시하는 과제지향적 지도자는 통제가 낮거나 높을 경우에 경기성과가 상승하나 어중간한 중간일 경우에는 매우 낮게 나타난다.

지도자들은 목표설정을 성공적으로 달성하기 위하여 상황에 적합한 리더십을 발휘하여 팀의 잠재적 기량을 극대화시켜야 한다(그림 2). 예를 들어, 기량이 높은 선수에게는 권위적인 과제지향적 리더십보다는 관계지향적인 리더십이 요구되며 기술이 낮고 지속적인 지도가 필요한 선수에게는 과제지향적인 방법이 더욱 효과적이다. 남자 선수들은 권위적이면서 관계지향적인 훈련과 지도를 선호하고 여자 선수들은 민주적인 행동을 더 선호한다. 그리고 긴박한 경기상황에서는 민주적인 리더십보다는 권위적인 지도가 매우 바람직하다.

그러나 하형주(1996)는 동양 철학사상인 중용中庸에 근거를 두고 지도자의 역할에 대해 배타적 구분보다는 갈등구조인 동시에 총체적 역동적으로 상호보완되는 새로운 리더십(multi leadership)을 제시하였다. 그는 퀸Quinn(1988)의 대응가치리더십(Competing Values Leadership) 이론을 한국적인 스포츠 상황에 적용할 수 있도록 지도자의 6개 역할과 명칭(코칭의 창조적 연구역할, 코칭의 중재적 대변역할, 코칭의 절대적 지시역할, 코칭의 계획적 실행역할, 코칭의 분석적 관리역할, 코칭의 정신적 지주역할)을 새롭게 부여하면서 이상형 프로파일을 비교분석하였다(그림3).

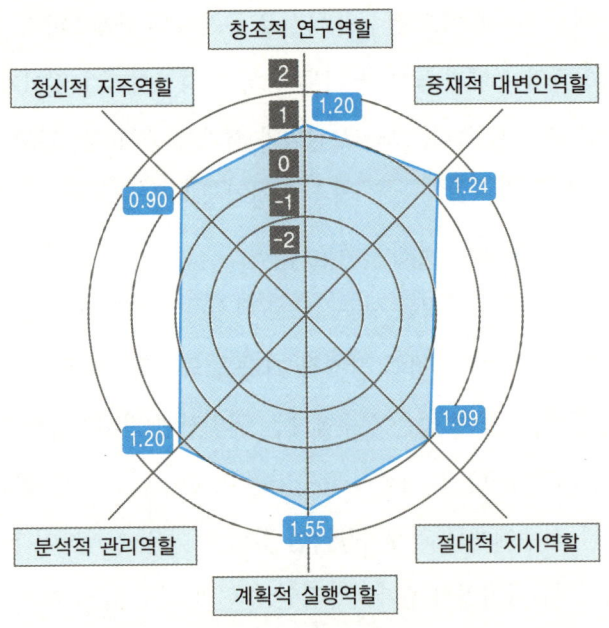

그림3. 이상형 프로파일

훌륭한 지도자는 전문적인 지식을 가지고 스포츠 종목, 팀 크기, 전통, 문화, 경기 과정 등의 다양한 상황과 선수개인의 기술 숙련도, 연령, 컨디션, 성 등 특성을 분석하여 철저한 훈련 계획을 세워야 한다. 변화하는 상황에 대처할 수 있는 능력을 갖추기 위해 항상 연구하는 자세를 지녀야 하며 팀의 목표와 선수 개개인의 의무와 책임을 달성하도록 명확한 방향을 제시해야 한다. 그리고 지도자는 사회적으로 친밀한 대인관계를 유지하여 외부로부터 팀을 보호하고 선수들의 이익을 증진시킬 수 있도록 영향력을 행사할 수 있어야 한다.

강화 Reinforcement, 처벌 Punishment
체벌 Corporal punishment

　스포츠 지도자들은 선수들의 행동을 수정하기 위하여 다양한 방법을 적용한다. 방법 중에서 가장 전통적이고 널리 선호되는 것이 보상과 처벌이다. 선수들의 행동에 보상과 처벌을 통해 그들의 기량을 향상시키려는 지도방법은 행동주의 심리학자인 스키너B.F. Skinner(1953)의 강화의 원리 principles of reinforcement에 근거를 두고 있다.

　강화란 선수가 적절한 동작을 실행했을 경우 '칭찬'이나 '불쾌한 자극의 제거'를 통해 지속적으로 올바른 동작수행이 되도록 확률을 높이는 교육 방법을 말한다. 전자를 정적 강화 positive reinforcement, 후자를 부적 강화 negative reinforcement 라 한다. 정적 강화는 선수가 훌륭한 동작을 수행했을 경우 칭찬이나 격려를 통해 올바른 동작의 빈도를 높이는 지도를 말한다. 그리고 부적 강화는 불쾌하거나 고통스러운 자극을 제거함으로써 올바른 동작의 빈도를 향상시키는 방법이다. 예를 들면, 선수들이 정확한 동작을 수행하면 힘든 훈련시간을 단축하는 보상을 통해 더욱 확률을 높이는 것이다. 그리고 부적절한 동작을 지적하여 적절한 동작을 수행하도록 유도하는 것이다.

처벌 punishment 은 부적절한 행동이 실행되는 확률을 감소시키기 위하여 부정적인 자극을 주는 지도방법이다. 지도방법에는 정적 처벌 positive punishment 과 부적 처벌 negative punishment 로 구분한다. 정적 처벌은 선수의 잘못된 행동에 대하여 불쾌하거나 고통스러운 지적을 통하여 그 행동의 빈도를 낮추는 것이다. 부적 처벌은 잘못된 행동에 대하여 확률을 감소시키기 위해 '게임 출장 금지' 등 기회를 제거하거나 박탈시키는 지도방법이다.

체벌 corporal punishment 은 스포츠 지도자나 운동 선배들이 단기간에 선수들의 바람직하지 못한 동작을 수정하고 기능을 향상시키기 위하여 육체적 정신적 고통을 주는 것이다. 그러나 체벌은 선수들에게 긍정적인 효과보다는 부정적인 효과가 더욱 강하다.

체벌은 선수들에게 육체적 고통뿐 아니라 심리에 깊은 상해를 입힌다. 체벌을 당한 선수들은 유능성, 자신감, 창의력, 자존감을 상실하고 지도자에 대한 존경심을 잃는다. 마음에 상처를 받아 운동에 대한 흥미뿐 아니라 학교생활에 대한 관심을 상실하고 반항심을 일으켜 일탈의 원인이 된다. 체벌은 일시적으로 수행 효과나 정신적 강화에 도움을 주지만 심리적 억압, 처벌의 불안, 실패의 두려움으로 신체 경직, 순발력, 판단력이 둔화되어 경기력 향상에 큰 영향을 미치지 못한다. 그리고 선수들에게 강한 반발심을 유발하여 팀의 화합과 응집력에 부정적인 영향을 미친다.

부자스와 아이론Buzas & Ayllon(1981)은 학생들이 테니스 기술을 연습할 때 강화와 처벌의 효과를 비교 연구하였다. 한 그룹은 학생들이 잘못된 동작을 수행하는 경우 엄한 질책과 함께 교정을 받았다. 그리고 다른 그룹은 학생들이 실수를 했을 경우에도 지도자가 의도적으로 무시하고 올바른 동작에 대해서만 체계적으로 보상을 주었다. 이 연구결과 긍정적 강화를 받은 집단은 처벌을 받은 집단보다는 올바른 동작의 빈도가 2~4배가 더 높은 것으로 나타났다. 그러므로 선수들에게 긍정적인 강화가 부정적인 처벌보다는 더 좋은 영향을 미치는 것이다.

스포츠 학자들의 많은 연구에 따르면 처벌은 10~20% 정도가 적당하며 80~90%의 칭찬, 격려 등 긍정적인 강화가 효과적이다.

강화는 선수들이 연습이나 경기에서 올바른 행동을 지속적이고 반복적으로 할 수 있도록 칭찬, 배려, 격려를 하는 것으로 보상의 의미를 갖는다. 강화를 통한 긍정적인 지도방법은 선수들 사이의 동료애가 강화되고 자신의 운동 종목에 대한 흥미와 팀 응집력이 매우 높았으며 지도자에 대한 존경심을 증가시켰다.

스포츠 지도자는 운동 수행과정에서 칭찬과 격려를 충분히 전해야 한다. 시합결과에 집착하기 보다는 선수의 운동 수행과정에 관심을 가지고 강화를 제공해야 한다. 그러면 긍정적인 시합결과를 얻을 확률이 높다. 처음 운동을 시작하는 초보자에게 강화를 자주하는 것이 강한 동기와 자신감을 유발하는데 효과적인 반면 어느 정도 숙련된 선수에게는 그 빈도를 낮추는 것이 좋다.

그러나 아직도 현장의 스포츠 지도자들은 선수들이 잘못된 동작을 실행했을 경우 우리의 전통적인 교육과 스포츠 지도방법에 따라서 부정적인 처벌과 체벌에 주로 의존하고 있다. 지도자들이 처벌의 한 수단인 체벌이 선수들의 잘못된 행동을 억제하는데 매우 효과적인 학습방법이라고 인식하는 것은 우리 스포츠 세계의 잘못된 특수한 문화적 현상이다. 이처럼 부정적인 처벌이 행동을 개선하는데 쉽게 이용되고 있지만 더욱 효과적인 행동 수정을 위해 지도자들에게 체계적이고 과학적인 연구가 절실히 요구되는 현실이다.

검도는 외향적으로는 매우 거친 스포츠처럼 인식되지만 수행과정은 상당히 섬세하며 신체와 심리의 균형있는 조화가 요구된다. 검도 수행은 테니스, 야구, 투구, 다이빙 등의 운동 수행과정 중에 과잉 흥분보다 약간 낮은 수준의 각성이 적절하다. 특히 민감한 검도경기를 수행하면서 최고 경기력을 발휘하기 위하여 소근육과 대근육의 적절한 협응력과 낮은 각성이 유리하다. 그러므로 경기중에 처벌에 의한 지도는 선수에게 긴장, 불안, 저항감, 부정적인 예측 등에 의해 교감신경을 촉진시켜 각성이 상승하고 심신이 경직되기 때문에 오히려 선수의 기량을 충분히 발휘 못하는 결과를 유발한다. 반면에 칭찬, 격려, 배려의 강화를 통해 올바른 동작을 유도하면 더욱 긍정적인 효과를 기대할 수 있다.

2-13 피드백 Feedback

피드백은 운동학습에서 지도자가 학습자의 운동수행에 대하여 언어적 시각적 정보를 제공하는 것이다. 이러한 정보를 제공함으로써 선수들이 운동수행에서 나타나는 다양한 실수나 잘못된 동작을 개선하고 기술을 강화시키는 기능이다.

학습자에게 정보를 제공하는 방법에는 운동수행 결과에 대한 정보를 코치의 언어적 설명. 사진, 비디오테이프 등을 통해 제공하는 결과지식 knowledge of result, KR과 운동수행에서 나타나는 동작의 오류를 파악하여 운동동작의 본질적 운동학적 정보를 제공하는 수행지식

knowledge of performance, KP으로 구분한다. 그러나 지도자는 피드백의 학습적 효과를 최대화시키기 위하여 운동 종목과 운동선수의 숙련도, 특성에 따라 어떤 정보(what), 언제(when), 횟수(how often) 등에 따라 차별화 하는 것이 가장 중요하다.

피드백은 선수들의 숙련도, 특성 그리고 운동종목에 따라서 요약, 평균, 수용범위, 자기통제, 시기 등의 방법을 적절히 조정되어야 더욱 학습효과가 증가된다. 요약 피드백은 매 수행마다 즉각적으로 결과지식을 제공하는 것이 아니라 운동수행 결과를 요약하여 선수에게 피드백 하는 것이다. 수용범위 피드백은 지도자가 미리 설정한 범위에 기준을 두고 그 경계에 오차가 발생했을 경우에 피드백을 제공하는 방법이다. 평균 피드백은 운동수행의 오차가 발생할 때 마다 매번 피드백보다는 평균적으로 피드백을 제공하는 지도방법이다. 예를 들어, 지도자가 잘못된 운동수행 후 즉시 결과지식을 제시한다면 학습자가 스스로 판단하고 깨닫는 인지적 노력의 기회를 상실하고 수동적 의존성을 유도하는 결과가 된다. 그러므로 선수 자신이 동작에 대한 반성을 할 수 있는 기회를 제공하는 것이 효과적이다.

결과지식의 피드백 시기를 실험한 결과 선수가 동작을 수행한 후 4초, 5초, 12초 등의 지연시간이 효과적이라는 주장이 다양하다(그림 1 참고). 그러나 이러한 결정은 절대적인 시기가 아니라 선수의 운동 수준과 성격 특성, 과제의 난이도, 운동 종목 등 다양한 조건에 따라 달라진다. 기술을 처음 배우는 초보자에게는 운동수행 즉시 잘못된 동작에 대한 정보를 자주 해주는 반면에 숙련자에게는 시기를 늦추고 빈도를 줄여 간헐적으로 제시하는 것이 바람직하다.

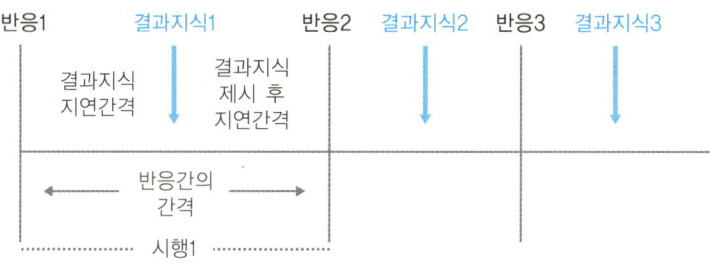

그림1. 결과지식의 제공시기(출처:이강현, 2005)

반면 피드백의 가장 큰 단점은 학습자가 간절히 원하거나 원하지 않아도, 필요하거나 불필요할 경우에도 지도자에 의해서 일방적으로 제시될 수 있기 때문에 기술학습의 비효율성과 장기적으로 학습자의 의존성과 수동성을 증가시킬 수 있다. 특히 학습자가 절실히 문제를 해결하기 위하여 스스로 인지적인 노력을 기울이지 않는다면 지도자의 피드백은 귀찮은 '잔소리'로 왜곡된다.

자기통제 피드백 self-controlled feedback 은 선수가 자신의 동작에 대하여 철저히 고찰한 후 가장 필요한 시점에서 자발적으로 도움을 요청하는 경우 피드백을 제공하는 것이다. 따라서 자기통제 피드백은 일반적인 피드백의 연구에서 간과되었던 학습자의 의존 생성효과의 부정적인 영향을 감소시키는 동시에 학습효과를 극대화시키고 학습자의 자발적인 참여를 유도하는 장점을 갖는다.

자네레 Janelle(1995) 는 '학습자가 스스로 결정함으로서 학습효과를 보다 향상시킬 수 있다'는 연구를 운동학습 분야에 처음으로 보고하였으며 자기통제 피드백의 우수성을 검증하였다. 그러나 자기통제 피드백의 학습방법은 운동을 배우기 시작하는 초보자보다는 어느 정도 과제를 숙달한 선수에게 적용하는 것이 더욱 효과적이다.

운동학습 과정에 다양한 학습 변인이 작용하지만 피드백은 가장 중요한 학습요인이다. 피드백은 선수들에게 강화, 동기유발, 정보, 동작 수정 그리고 운동수행과 연결시키는 결합기능을 한다. 특히 교육학이나 심리학에서 코칭행동의 한 영역으로 취급받고 있으며, 학습이나 운동선수의 기술 향상에 큰 영향력을 미치는 것으로 평가받고 있다.

검도는 심리적으로 매우 민감한 스포츠 종목이다. 선수들에게 올바른 정보를 제공하기 위하여 선수들의 개인적인 성격특성까지 파악하도록 노력해야 한다. 선수들이 운동을 실행했을 경우 잘못된 운동동작을 수정하고 더욱 향상된 운동수행으로 유도하기 위해 언제, 어떻게, 몇 회 피드백을 제공할 것인가는 학습상황, 학습자의 숙련도, 성격 특성, 과제 난이도, 성별, 운동 종목 등을 종합적으로 고려하면서 신중히 결정해야 한다. 그러므로 지도자는 선수 개개인에 대한 관심과 애정을 가지고 효과적인 학습방법을 연구하는 자세가 필요하다.

현재 스포츠는 첨단 과학의 세계이다. 과거 전통적인 지도방법은 장점과 더불어 많은 단점을 내포하고 있다. 훌륭한 지도자가 되기 위하여 항상 새로운 지식을 습득하도록 부단한 노력을 기울여야 한다.

제3장

실전 검도의 기술

검도기술 편에서는 기술, 경쟁심리 그리고 4병病(놀람驚, 두려움懼, 망설임疑, 당황惑)과 공방불이攻防不二에 있어서 가장 중요한 일안一眼. 이족二足. 삼담三膽. 사력四力의 검도이론을 충실하게 분석하려고 노력한다.

경기에서 사용하는 죽도는 길이(120cm 이내)가 있기 때문에 겨눔 상태에서 곧바로 상대를 공격할 수 없다. 상대를 공격하기 위해서는 일족一足을 이동하여 죽도의 선혁을 지나 중혁까지 접근을 했을 때 유효 격자를 할 수 있는 거리가 된다. 공격거리로 좁혀갈 때 매우 경계해야 하는 점은 상대로부터 날카로운 역습을 당하지 않고 유효거리로 안전하게 접근하는 것이다. 마치 농구 경기에서 리바운드 볼을 먼저 잡기 위하여 큰 키의 선수가 상대적으로 유리하지만 더욱 중요한 것은 공이 떨어지는 지점을 먼저 확보하는 것이다. 이렇게 안전한 유효거리를 확보하기 위하여 철저히 주의집중하여 상대선수의 일거수일투족一擧投一投足을 주시하는 것이 가장 우선이다(일안一眼). 섬세한 관찰 후 일족을 전진(이족二足)하여 유효거리로 접근한 후 상대선수의 빈틈이 노출되면 왕성한 기백(삼담三膽)을 갖추어 공격을 위해 과감하게 몸을 던지듯 뛰어 들어간다(사력四力).

여기서 타격의 성공률을 높이기 위하여 중요한 요소는 일족의 전진에서 상대선수에게 충분히 4병病을 일으켜 부동심不動心을 상실시켜야 한다. 상대의 날카로운 접근에 마음의 동요와 각성이 상승되면 주의집중이 좁아져 냉정한 판단력이 흐려진다.

충실한 공방불이는 이러한 일안一眼. 이족二足. 삼담三膽. 사력四力의 검도이론을 철저하게 수련하고 실천하는 선수에게 가능한 수준이다. 그러나 초보자일수록 타격 즉, 사력 四力을 우선적으로 시도하기 때문에 공격 실패와 결정적인 빈틈을 스스로 노출시킨다.

우수선수들은 평소 검도수련에 성실히 정진하여 체력을 단련하고 노련한 기술을 익힌다. 그리고 경기에서 경쟁심리를 잘 통제할 수 있으며 자신의 기량을 충분히 발휘하여 좋은 결과를 일구어 낸다. 수많은 애검자들이 평소 자신의 실력을 극대화 시키는 우수선수들의 비결을 분석하고 연구하여 이들의 기술과 경기경험을 공유한다면 기량 향상과 더욱 검도를 사랑하는 계기가 될 것이다.

어느 철학자의 말처럼 '아는 만큼 보인다.' 사회인 검우들이 피력하는 검劍의 깊이가 어느 한계에 머물러 검리劍理의 본질을 빗겨가는 실수를 범할 수 있는 가능성이 있을 것이다. 그러나 '재능보다 성실함을, 성실함보다는 좋아함'을 더욱 소중한 교훈으로 전해준 선인들의 혜안慧眼을 근간으로 검도를 사랑하는 열정과 성실한 노력은 부족한 경계를 충분히 극복할 수 있는 저력이자 검도의 미래라는 소신을 믿어 의심치 않는다.

임철호 사범 검도대회 수상 경력

1995년 부산시장기 종별검도대회 개인우승

1997년 부산시장기 종별검도대회 개인준우승

1997년 부산회장기 검도대회 개인우승

2000년 한국시회인검도대회 중년부 3위

2004년 부산시장기 종별검도대회 개인우승

2006년 남해군수기 검도대회 개인우승

2007년 한국사회인검도대회 노장부 개인우승

　　　외 다수 단체우승

현) 부산동아대학교 겸임교수 및

　　스포츠심리학 박사과정 수료

　　대한검도회 공인 5단. 청심관 소속

3-1-1 퇴격손목

◉ 순발력의 극대화는 예측력에서 나온다.

◉ 적절한 각성수준은 신체와 사고를 유연하게 만든다.

2006년 7월 박영헌 추모겸 군수기검도대회의 개인전은 이틀에 걸쳐 진행되었다. 이 대회 일주일 전에 부산에서 시장기검도대회의 단체전 결승전을 수행했다. 도장 개관 후 20년의 긴 여정 끝에 얻은 극적인 우승은 매우 감동적이었다. 부산검도대회의 우승으로 충만한 열정과 자신감은 남해대회의 경기수행에서 탄력 붙은 칼과 섬세한 경기감각으로 이어졌다. 대회 첫날 모든 경기를 주체적으로 이끌어 갔다. 상대의 미세한 움직임 조차도 나의 눈과 의식에 포착되어 예측된 전략과 자동화된 기술이 거의 몰입의 상태에서 감각적으로 발휘되었다.

대회 이틀째 날, 절친한 나의 검우와 힘겹고 치열한 준결승전을 연장전까지 치룬 후 결승전에 안착했다. 상대선수는 옆 코트에서 이미 준결승전을 승리로 마무리한 후 나의 경기수행을 철저히 탐색하고 분석하면서 전략을 구상하고 있었다. 그의 키는 175cm정도였으며 호리호리한 몸매에 날카로운 눈매가 강해 보였다.

결승전은 양선수가 대회본부석을 향하여 정중히 예를 올린 후 시작되었다. 공격적인 그의 신체 외모와는 달리 경기시작과 동시에 고조된 각성으로 칼의 거친 교차를 시도하면서 공격의 기회를 포착하려는 서두름이 없었다. 오히려 지긋이 그리고 찬찬히 나의 움직임을 탐색하면서 동작의 빈틈을 기다리며 절박한 긴장감을 인내하고 있었다. 나 역시 무거운 정적이 누르는 깊은 긴장감은 더욱 견디기 어려운 초조함과 두려움이었다. 그는 준결승전까지 나의 경기를 지켜보면서 경쾌한 몸의 움직임과 순발력을 미리 탐색하였는지 과감한 공격이나 유효거리로 쉽게 다가오지 않았다. 절박한 긴장감을 견디지 못해 서둘러 시도하는 무모한 나의 공격을 유도하고 있었다. 그러나 나 역시 상대 칼의 성향을 잘 모르기 때문에 어렵게 올라온 결승전에서 결코 섣불리 돌진하고 싶지 않았다. 결승전에서 두 사람의 팽팽하고 긴장된 정적은 칼끼리 격렬하게 교차하는 경기수행만큼이나 숨가쁘고 고통스러운 순간이었다. 양선수의 치열한 겨눔세에서 비가시적인 일촉즉발—觸卽發의 절박함을 공유하듯 심판들조차 긴장된 모습을 보이고 있었다. 몇 번의 교전 없이 4분의 무거운 시간이 흘러갔다.

주심에 의해 1판승의 연장전 '시작' 신호가 길게 울려 퍼졌다. 두 선수 모두 이번 결승전을 잃고 싶은 마음은 추오도 없었다. 공격과 방어의 기세가 거의 완벽하게 이루어지는 정중선의 겨눔 상태에서 서로 한 치의 틈도 없이 계속 경기를 펼친다면 영원히 승자도 패자도 없을 것 같았다. 나는 전술을 변경하여 몸받음에서 결정적인 기회를 포착하기로 전략을 세웠다. 그의 발이 옆으로 이동하는 짧은 순간에 손목머리의 연속공격으로 타격 겸 안전하게 몸받음 상태로 들어갔다. 내가 평소에 몸받음에서 잘 사용하는 기술은 퇴격 멜머리와 퇴격 손목이다. 퇴격 멜머리는 상대를 약간 밀면 반사적으로 상대가 다시 내 쪽으로 힘을 쏟을 때 뒤로 빠지면서 왼쪽 어깨에 메어 반 템포 늦게 퇴격머리를 치고 뒤로 나간다. 그리고 퇴격손목은 손목을 상하로 움직이다가 내리는 순간에 뒤로 한 발 물려나면서 상대 손이 반동적으로 올라올 때 짧고 강하게 끊어 치는 기술이다.

그러나 결승전에서 상대방은 거의 완벽하게 거리와 힘 조절을 적절히 구사하면서 나의 퇴격기술을 원천적으로 예방하고 있었다. 이러한 민감한 흐름을 포착한 후 다시 전술을 변경하여 상대로 하여금 머리를 치도록 유도하였다. 상대가 퇴격머리를 타격하기 위하여 손을 올리는 순간 선先의 기술로 퇴격손목을 칠 각오를 마음속으로 단단히 준비하고 있었다.

상대선수는 팽팽한 긴장의 몸받음 상태에서 모든 신경이 한곳에 집중되었기 때문에 나의 엄밀한 의도를 교차된 칼의 감각을 통해 충분히 읽지 못하였다. 의도된 머리방어동작의 작은 틈이 노출되는 순간 상대선수는 퇴격머리를 위해 손을 번쩍 들어올렸다. 그 찰나 전광석화처럼 점프하듯 뒤로 빠지면서 거리를 만든 후 강하고 짧게 우승의 퇴격손목을 찍었다. '팍~' 일시에 세 명의 심판 전원이 1판승의 깃발을 높게 들었다. 상대선수는 너무나 아쉬운 1판 패에 얼마간 굳은 자세로 존심存心을 잡고 있는 나를 멍하니 바라보고 있었다.

운동역학에서 가장 빠른 동작을 수행할 수 있는 방법 중 하나는 다음 동작을 미리 마음속으로 예측한 후 실행하는 것이다. 예를 들어, 청기 백기 게임에서 구령을 붙이는 사람이 두 사람 중 한 사람에게 미리 구령의 순서를 알려준다면 그 사람은 상대보다 실수 없이 정확하고 빠르게 동작을 취할 수 있을 것이다.

인간은 외부 정보에 대하여 반응을 일으킬 때는 오감의 감각신경을 통해 그 정보가 머릿속으로 들어오면 종합판단을 한다. 그리고 다시 운동신경을 통해 명령을 전달하여 최종 신체 부위에서 행동을 일으킨다. 신경전달 속도는 시속 300~460Km 정도이므로 머리에서 인식한 정보를 다시 몸으로 실천하려면 0.2~0.5초가 소요된다. 그러므로 다음 동작을 미리 머릿속에서 준비하고 있다면 운동이 실행되는 시간을 충분히 짧게 줄일 수 있다. 모든 종목의 스포츠에서 노련한 숙련자들은 오랜 연습과 반복적인 경험을 통하여 미리 상대 동작의 예측과 나의 다음 동작을 자동화시키기 때문에 상대를 쉽게 대처할 수 있는 순발력을 갖추는 것이다. 검도에서 고령의 고단자들이 거친 젊은 검사들을 대적하여 쉽게 물리치는 것은 상대의 다음 동작을 미리 예측할 수 있기 때문이다. 그리고 운동선수들이 지속적이고 반복 훈련을 통하여 기술을 연마하는 것은 기술동작을 자동화시키는 것이다. 일단 기술동작이 자동화되어 기억되면 경기중 긴박한 현상에 대해 정보를 받아 종합 판단 후 행동하는 생리과정을 축소하여 타격 과정의 시간을 감소시키는 것이다

key point _ 충분한 수련, 예측력, 결단력, 전략은 좌뇌,
경기는 우뇌 활용, 인내심, 자기조절력, 머리 유도

몸받음

이때 상대를 밀기 위하여 상체가 앞으로 기울거나 몸의 무게중심이 한쪽으로 쏠리지 않도록 한다. 좁은 거리에서도 상대의 눈을 통해 상대 몸전체의 움직임을 섬세하게 포착해야 한다.

머리빈틈

몸받음을 통해 조금 거칠게 밀고 당기면서 긴장감을 조성한 후 칼을 우측으로 약간 기울여 머리에 빈틈을 보인다.

퇴격손목

긴장된 상태에서 상대는 정확한 판단없이 머리빈틈을 느끼는 순간 퇴격머리를 위해 손을 든다. 이미 예측을 한 상태이기 때문에 망설임 없이 자동적으로 퇴격손목을 공격한다.

퇴격손목

이미 의도된 상황이므로 퇴격머리를 치기위해 상대의 손이 올라가는 순간 거의 대등의 선으로 퇴격손목을 과감하게 공격한다.

존심

퇴격손목은 공격 타이밍과 함께 타격 강도가 강해야 한다. 그리고 공격부
위가 낮고 심판에게 가려지기 때문에 공격 후 존심의 동작을 크게 하면서
기합을 세게 내어야 좀 더 쉽게 타점을 인정받을 수 있다.

스포츠 심리 분석

　일반적으로 전체 경기흐름을 결정하는 작전은 체계적이고 논리적
인 좌뇌가 담당한다. 경기는 순간적 시공 인식을 판단하고 우뇌 중심
감각으로 수행한다. 그러나 평소 충분한 훈련과 경험이 부족한 선수
들이 역동적 경기흐름을 너무 좌뇌 중심으로 유도하면 주관적인 판
단이 되기 쉽다. 한편 상대선수의 다음 기술을 미리 예측하여 마음을
한곳으로 쏟으면 신체와 사고가 경직되어 효과적인 경기를 펼칠 수
가 없다. 즉, 상대선수의 움직임을 미숙하게 예측하여 나의 역습적인
어떤 동작을 머릿속에 고정시키면 몸과 마음도 함께 묶여 다양한 경
기상황에 적응하는 순발력이 현저히 떨어진다. 이러한 경기 방식은

매우 부적절하고 비효율적이다.

평소에 좌뇌 중심의 체계적 논리적인 훈련을 충분히 수행하여 신체에 기술을 자동화시킨 후 순발력이 요구되는 경기에서는 감각적 기능을 담당하는 우뇌를 최대화시켜 자동화된 기술을 상황적으로 활용해야 한다. 그러나 가장 효과적인 경기수행은 좌뇌와 우뇌의 기능을 조화시켜 활용하는 것이다.

긴박한 경기를 수행하면서 상황적 전략전환은 적절한 각성에 따라 좌뇌적 사고력의 유연성에서 가능하다. 만약 각성이 고조된 상태에서 주의집중의 폭이 좁아져 눈앞의 경기흐름에만 마음을 모두 쏟고 있다면 이러한 인식전환의 유연한 사고력은 상실된다.

경기에서 각성정도와 주의집중의 폭, 유연한 사고력은 매우 밀접하게 관련되어 있다. 극도로 긴장되는 검도 경기에서 상승하는 부정적인 경쟁심리(불안, 긴장, 초조 등)를 통제하고 적절한 각성을 유지하면 전체 경기흐름을 냉철하게 파악하여 효과적인 전략을 세우는 여유가 생긴다. 그러므로 자신의 실력을 충분히 발휘하는 우수선수는 경기심리의 각성이 항상 적절하다.

결승전에서 다음 동작을 미리 예측한 후 퇴격손목을 시도한 기술은 특별한 경우이다. 상대선수가 나의 기술에 내성이 생겨 경기가 잘 풀리지 아니하고 기술이 소진되었을 경우 새로운 시도를 실시해야 한다. 몸받음 상태에서 상대가 시도할 수 있는 기술이 단순하고 거의 예측 가능하기 때문에 이런 전략과 기술을 적절히 사용하면 멋진 1판 승으로 감동적인 순간을 경험할 수 있다.

3-1-2 손목

◉ 지나친 자신감은 판단력을 저하시킨다.

◉ 부정적인 생각중지

2004년 부산시장기 종별검도대회는 다른 대회에서 느낄 수 없었던 긴장과 초조한 심정을 강하게 체험하였다.

3월 우연한 기회로 부산동아대학교 무도경찰학과에 검도지도강사로 인연을 맺게 되었다. 4월에 개최되는 부산시장기 검도대회에 단체전과 개인전에 출전신청을 한 사실이 학생들에게 알려지면서 응원과 시각적 학습을 위해 대회장에 온다는 것이었다. 이런 난처한 상황은 여러 날 마음속으로 출전 여부를 생각하면서 많은 갈등을 일으켰다. 그러나 현실적으로 가부可否를 선택하기에는 이미 늦은 기간이었다. 당일 대회장으로 출발하기 전 집에서 혼란스러운 마음을 차분히 추스렸다. 결과지향적인 목표보다는 최선을 다하여 경기를 수행하는 것이 경기결과뿐 아니라 학생들에게 가장 교육적인 모습이라는 결론을 내렸다.

침착한 마음으로 경기장에 도착하였지만 경기장의 경쟁적인 분위기와 관람석의 학생들에게 나의 일거수일투족一擧手一投足까지 철저히 노출되고 평가될 것이라는 의식은 또다시 나의 마음을 심하게 흔들었다. 더군다나 바로 옆 코트에서 검도지도를 받는 학생이 경기를 펼치고 있었다. 이런 불편한 심리상황에서 내가 할 수 있는 것은 나의 힘이나 의지로 할 수 없는 사건에 대하여 마음의 동요를 빨리 해소하는 것이 가장 효과적인 심리기술이다. 그리고 나의 의지와 노력으로 가능한 상황만 최선을 다할 것이라는 강한 목표의식을 가졌을 때 경직된 신체와 불안한 심리가 점차적으로 편안하게 이완되기 시작했다.

첫 번째 경기가 심리적으로 상당히 부담스러웠지만 상대방도 나와 똑같은 심정이었을 것이다. 1차전을 넘긴 후 2차전을 준비하면서 상대선수의 초보자적 태도와 모습에 허황된 자신감으로 집중력과 긴장감을 풀고 말았다. 호랑이는 한 마리의 토끼를 잡는데도 최선을 다한다고 하지 않았는가! 나의 오만이 모든 것을 일시에 절대 위기로 몰아넣었다.

과감한 머리타격의 성공적인 동작으로 학생들에게 멋진 모습을 보여주리라 마음먹었다. 칼의 교차를 통해 전해지는 상대선수의 의도를 충분히 파악하기도 전에 몸을 던지듯 머리로 돌진하였다. 순간 그는 너무나 간략하게 허리를 베고 나갔다. 지도자답지 못한 자책감과 부끄러움에 순간적으로 응원하는 학생들 쪽으로 고개를 돌아갔다. 나의 허물이 투명하게 드러나고 말았다. 뼈아픈 후회와 위기의식에 머릿속은 혼란보다는 차라리 아무것도 생각할 수 없는 반뇌사의 백지상태였다. 후회해도 소용없다. 늦었다. 오만한 나의 마음은 모래알처럼 산산이 흩어져버렸다.

둘째판을 위해 다시 개시선으로 돌아가는 시간이 너무나 길게 느껴졌다. 개시선에서 칼을 겨루는 순간 초심의 마음을 되새겼다. '신중하고 최선을 다하자!' '시간은 충분하다.' 1점을 선취당한 상태에서

한 점을 더 내어준다거나 나머지 시간에 내가 득점을 하지 못하여도 경기를 잃게 된다. 그러나 1분도 채 지나지 않았다. 이런 경우에는 경기를 역전시킬 수 있는 시간은 충분히 남아있다. 검도경기에서 1판을 따는 시간은 순간적이다. 1판을 만회하기 위하여 서두르면 상대도 철저한 방어자세로 전환하기 때문에 가능성이 더욱 희박하다. 연속 2판승으로 역전의 욕심보다는 우선 1판승을 얻어 동점을 만든다는 마음으로 냉정하게 경기에 임해야 한다.

긴장된 칼의 짧은 교차 후 일족 一足을 퇴보하는 순간에 상대선수가 공격을 위해 큰 보폭으로 일보를 '쑥~' 밀어 전진하였다. 상대선수 역시 1점 더 얻어 승리를 굳히려는 욕심이 강한 것 같았다. 그 찰나 짧게 머리치는 타격의 페인트 feint 동작을 강하게 취하자 그는 의외의 반격에 머리 방어를 위해 손을 올렸다. 순간 반 템포 늦게 손목을 강하게 타격하였다. 일시에 심판들이 1판승의 기를 들었다.

1대1의 동점이 되었을 나는 심리적으로 조급함 보다는 여유와 더욱 냉철하게 집중력을 유지했다. 그러나 유리한 상황에서 동점으로 당황한 상대선수는 빼앗긴 1판을 만회하듯 최종 승리를 위해 경기를 서둘렀다. 결국 과잉 각성으로 집중력이 좁아진 상대선수는 자신의 경기리듬을 적절히 찾지 못한 채 나에게 또 머리 1판을 내어주고 말았다. 그날 부산시장기 종별검도대회에서 경기초반에 닥쳐온 위기는 정신무장을 위한 전화위복의 기회가 되어 최종 우승의 영광을 안았다. 그리고 더욱 감동적인 소식이 옆 코트에서 전해왔다. 제자도 우승을 하였다.

머리페인트 손목 기술을 사용하는 경우는 상대선수의 움직임이 없거나 빈틈없이 주의집중을 하고 있는 상태에서는 성공하기 어렵다. 상대선수가 긴장된 겨룸상태에서 앞으로 나오려는 순간이나 혹은 뒤나 옆으로 이동하려는 순간에 짧고 강한 머리페인트 기술을 걸면 쉽게 심리적 동요를 일으키면서 방어를 위해 즉시 손이 위로 올라온다. 이때 손목을 강하게 타격하여 성공시키는 기술이다.

경기에서 손목 기술을 시도할 경우 머리공격의 역습을 당한 위험이 가장 높다. 그러나 이 기술의 장점은 안정성에 있다. 페인트 동작이 실패를 하여도 짧은 보폭(거의 제자리)으로 움직이기 때문에 역습의 가능성이 희박하다. 그러나 강한 머리페인트는 반드시 상대가 몸을 이동하려는 찰나에 시도하여 중심을 흔든 후 손목 기술을 걸어야 성공의 가능성이 높다. 철저히 중심을 잡고 있는 상태에서 수행하면 거의 성공확률이 없다.

경기에서 상대를 타격한 후 심판들에게 올바른 득점으로 인정받기 위하여 여러 가지 조건이 완전하게 갖추어져야 한다. 관중이나 자신이 득점으로 인정받기에 충분한 타격이라고 판단하지만 타이밍, 칼의 강도, 자세, 의도 등 기검체氣劍體의 일체를 통해 최종적으로 결정하는 심판들이 동의하지 않는 경우가 종종 있다. 그러나 순간적인 페인트 기술 후 상대가 본능적으로 방어동작을 취할 때 열린 빈틈에 대한 타격은 심판들에게 가장 효과적으로 득점을 인정받을 수 있다.

겨룸
겨룸 상태에서 상대가 일보전진하기 위하여 앞발이 움직이는 순간

머리 페인트

상대 머리를 공격하듯 강하고 짧게 발을 굴리면서 허공을 친다.

상대 칼이 올라옴

전진하기 위해 앞으로 움직이다가 갑작스러운 상대 공격에 본능적으로 방
어하기 위하여 손이 위로 올라온다.

손목

상대손목이 올라오는 순간 짧은 머리 페인트에 이어 연속으로 손목을 타격한다. 머리페인트 손목기술은 손목머리 연타를 공격하듯이 머리 손목을 공격한다.

스포츠 심리 분석

각성이 고조되는 심리적 과정에는 두 가지 원인이 있다. 우선 불안, 긴장, 초조, 적정, 부정적인 예측 등으로 야기되는 각성과 지나친 자신감, 강한 의욕, 비현실적인 목표설정, 지나친 승부욕 등에 의해 발생하는 각성이 있다.

선수가 경기에서 자신의 경기력을 효과적으로 발휘하기 위해 적절한 각성상태를 정확하게 수치화시키는 것은 매우 어렵다. 상대기량, 자신의 경기력, 당일의 컨디션, 운, 대진표 등 경기상황의 다양한 요인에 따라서 최적 각성수준은 달라질 수 있다. 일반적으로 각성이 상승하면 경기력도 증가한다고 인식하지만 역U이론처럼 각성수준이 최적 상태를 너무 벗어나면 오히려 전체 경기력이 떨어지는 부정적 효과가 발생한다. 그러므로 우수선수는 시합을 수행하면서 항상 적절한 각성을 유지하여 경기력을 최대화시킬 수 있는 노력을 기울여야 한다.

선수들은 경기수행 과정에서 다양한 심리변화를 경험하게 된다. 특히, '이런 실수를 왜 했어', '정말 바보같이', '운동에 소질이 없어' 등 부정적인 경쟁정서가 유발되면 경기수행을 더욱 저해시켜 자신의 실력을 충분히 발휘하는데 방해가 된다. 이런 경우에는 자신에게 '부정적 생각 그만', ' 너는 잘할 수 있어' 등 '생각중지'와 '독백'의 스포츠심리기술을 적극적으로 활용하여 더 이상의 악순환적 경쟁심리를 통제하고 긍정적 자신감으로 심리적 안정을 되찾는 것이 중요하다.

민감한 검도경기에서 지나친 자시감, 당황함, 체력 소진, 불안, 긴장 등 각성이 상승하면 주의집중이 분산되거나 폭이 좁아져 몸과 마음이 경직된다. 선수는 이런 부정적인 경쟁심리상태는 기량의 효과적인 발휘를 억제하며 상대선수의 페인트나 함정으로 유도하는 동작을 종합적으로 인식하는 예리한 판단력을 상실시킨다.

시합은 최종적으로 승리하는 것이다. 멋지게 승리하는 것은 아니다. 4분 경기에서 1판을 선취했다면 경쟁 각성을 낮추어 냉정하게 시간활용을 할 수 있어야 한다. 유리한 상황에서 차분한 경기를 유도한다면 1점을 잃은 상대선수가 불안, 초조 등으로 각성이 상승되어 부적절한 공격이나 움직임에서 스스로 빈틈을 노출시킨다. 그러나 먼저 1점을 획득한 선수가 지나친 자신감으로 흥분이나 긴장이 높아지면 각성이 고조되어 냉정한 판단력과 경직된 신체에 의해 경기력이 저하된다. 특히 각성이 고조되면 주의집중의 폭이 좁아져 경기흐름과 상대선수의 동태動態를 민감하게 관찰하기 어렵다.

그러므로 경기를 수행하면서 상대선수의 철저한 방어와 섬세한 공격력을 저하시키고 의도된 기술을 효과적으로 성공시키려면 강하고 공격적인 기세를 이용하여 상대의 각성을 촉진시키고 주의집중을 다른 방향으로 쏠리게 한다면 성공의 가능성이 높다.

3-1-3 허리

◉ 목표설정은 집중력을 강화 시킨다.

◉ 지나친 각성은 주의집중의 폭이 좁아진다.

2004년도 부산시장기 종별검도대회를 준비하면서 마음속에 끊임없이 발생한 심리적 갈등을 뒤로한 채 개인 우승과 제자의 동반우승으로 대회를 마무리 지었다. 그리고 우승의 감동과 두근거리는 흥분이 가슴에서 가시기 전에 도장별 5인조 단체전이 시작되었다.

1차전에서 팀 전원이 1:0과 2:0의 개인 스코어를 번갈아 따면서 통쾌한 출발을 하였다. 2차전을 맞이하여 상대팀의 강한 도전에 약간 흔들림이 있었지만 4:0이라는 현저한 실력 차이로 통과하였다. 2차전 주장전에서 겨루었던 상대는 나보다 약 10cm 큰 선수였다. 큰 키에 마른 체격은 상당히 공격적인 성향을 띠고 있었다. 경기 시작과 동시에 큰 신장을 이용하여 단숨에 머리공격을 시도하였다. 경기 전 외형적인 체격에서 어느 정도 상대의 시합 전략을 예측했기 때문에 당황하지 않고 들어오는 손목을 순간적으로 강하게 찍었다. '팍' 경쾌하고 짧은 소리와 함께 3명의 심판들 손에 1판승의 기가 동시에 올랐다. 두판째 신호가 선고되는 순간 의도된 동작으로 일족一足을 쑥 밀어 들어갔다. 역시 상대선수는 기회를 포착한 것으로 판단하면서 강하게 머리를 겨냥하여 몸을 던지듯 공격하였다. 순간 후의선 받아 허리의 기술로 베어 나가버렸다.

그러나 3차전을 맞이하여 우리팀 모두는 긴장하고 있었다. 작년

이 대회에서 우승자인 상대팀은 전적 前績으로 평가하여도 우리보다 훨씬 우세하였다. 우리선수들은 얼굴에 긴장과 불안의 빛이 역력했다. 경기 전에 상대선수들에 대한 불안과 부정적인 예측은 자신의 기량을 최대로 발휘하는데 있어서 절대적으로 불리하다. 우리팀 선봉은 비록 기세는 왕성했지만 경직된 동작과 기량의 차이를 극복하지 못하고 머리 1판을 먼저 내주고 말았다. 선봉의 패배를 만회하기 위하여 성급하게 경기를 주도하던 2위가 의표를 찔러 손목 1판으로 경기가 마무리 되었다. 가느다란 희망의 실마리를 기대한 중위는 자신의 무거운 책임을 의식하였는지 몸의 움직임이 무겁고 평소의 실력을 충분히 발휘하지 못한 채 승패 없이 비기고 말았다. 절박한 경기 스코어가 되었다. 만약 부장이 이기면 주장인 내가 승리하여 최소한 대표전을 할 수 있을 것이라는 가느다란 희망을 걸면서 4번째 경기를 가슴조이면서 관전하였다. 상황은 상당히 불리하게 전개되었다. 상대선수는 왕성한 자신감으로 경기를 마무리하겠다는 강한 의욕을 나타내었다. 충만한 기세와 경쾌한 보법의 움직임으로 상대선수의 리듬을 뺏어가면서 자신의 기량을 극대화하였다. 그러나 우리팀 부장은 계속 심리적 압박을 극복하지 못하고 상대 기세에 밀리어 소극적이고 방어적인 경기를 펼쳤다. 상대의 머리공격에 후의선 받아 허리 기술을 시도하려는 순간 머리를 먼저 내주고 말았다. 우리팀 부장은 승리에 대한 의욕 상실과 심리 부담 때문에 마음의 동요를 심하게 일으켰다. 그의 경기력은 부정적인 심리로 현저히 위축되었다. 또다시 머리를 내주면서 2:0으로 완전히 패배하고 말았다. 이미 단체전 경기의 승패는 주장전과 관계없이 결정이 되었다. 주장전을 수행하기도 전에 우리팀은 0:3로 패배하였지만 검도대회의 규정은 주장전까지 모든 경기를 수행하도록 되어있다.

상대팀의 주장선수는 165cm 정도의 키가 좀 작고 아주 탄탄한 체구를 갖추었다. 그는 전 경기에서 머리를 타격하기 위하여 뛰어드는 상대선수를 단호하게 나오는 손목과 머리빼어 허리치기의 절묘한 기술을 구사하여 명쾌하게 2:0으로 승리하였다.

경기를 시작하기 전에 이미 승부가 갈린 3회전의 단체전에서 나의 주장전은 승패와 관계없이 번외경기처럼 되어버렸다. 처음에는 쉽게 상대선수에게 머리 2번 내주고 경기를 접을 생각까지 하였다. 그러나 비록 팀경기는 패배하였지만 낙담한 우리선수들의 사기와 대회 개인 우승자의 올바른 모습을 보이기 위해 마지막까지 최선을 다할 결심을 하였다.

작은 키에 탄탄한 체구의 선수를 상대로 허리를 베는 기술은 결코 쉽지 않다. 그러나 이번 경기에서는 나의 기량을 최대로 발휘하여 꼭 허리를 베어 승리하리라 다짐하면서 경기 개시선으로 들어갔다.

이미 단체전 준결승전에 진출한 상대선수는 절박한 승패의 심리적 압박을 벗어버리고 안정되고 자신감이 충만한 움직임으로 경기를 풀어나갔다. 팀 경기는 패배하였지만 나까지 질 수 없다는 부담과 꼭 허리 기술로 승리하겠다는 선先전략에 약간 긴장되고 경직된 신체는 원만한 동작의 리듬을 좀처럼 찾지 못하고 둔감하게 움직였다. 작은 키의 선수들은 보통 주특기를 손목, 손목머리, 허리로 한다. 머리를 타격하는 경우는 보폭이 좁기 때문에 머리를 타격할 경우 상대의 동작에 틈이 보이면 민첩하게 근접하여 상대의 중심을 무너뜨린 후 머리공격에 대한 역습을 교묘히 대처한다. 그리고 온몸을 던지듯 머리로 뛰어든다.

촉각을 팽팽히 세워 상대의 의도를 파악하고 중심선을 뺏기 위해 죽도의 짧은 교차가 날카롭게 이루어졌다. 상대가 전진에 이어 일보 후퇴하는 움직임에 공격의 유효거리를 만들기 위해 강한 공격적 기세를 전달하면서 오른발을 대각선 우측으로 깊고 민첩하게 접근하였다. 순간 상대선수는 빠르게 앞으로 쑥~ 몸을 밀고 들어오면서 과감하게 머리공격을 감행하였다. 그러나 그의 판단은 착오였다. 앞발을 밀고 전진하려는 나의 동작은 유효거리 확보와 머리공격을 유도하기 위한 페인트였다. 이미 몸과 마음은 상대의 공격에 철저히 준비를 하고 있었다. 온몸을 던져 머리타격해 들어오는 그의 칼을 후의선인 스쳐 올리는 동시에 받아허리로 빠르게 베었다. 그는 아무런 방어동작도 취할 수가 없었다. 오른 무릎을 약간 굽히면서 죽도로 허리감은 단단한 갑을 통쾌하게 타격하였다. 그리고 '좌~' 소리와 함께 상대의 왼쪽 허리 곁으로 빠져나갔다.

키가 작고 동작이 민첩한 선수를 상대로 머리받아 허리와 나오는 손목에 손목 머리의 공격을 성공시켜 2:0으로 마무리하였다. 주장전에서 2:0의 통쾌한 승리는 저하된 우리팀의 사기에 많은 위로가 되었다.

들어가는 허리공격이 아니라 머리타격을 위해 나오는 머리공격을 받아 허리로 타격하는 경우는 머리공격을 유도하기 위하여 유효거리 안으로 스스로 들어가기 때문에 상당히 위험한 기술의 시도이다. 특히 상대가 나의 동작을 섬세하게 읽고 있는 상태에서 일족을 전진한 다면 머리가 가장 위험한 공격 표적이 될 수 있다. 그러므로 머리공격을 유도하기 위하여 일족을 시도하는 타이밍은 상대가 앞, 옆, 뒤로 이동하는 순간이다. 상대방이 발을 움직이는 이동 과정에 내가 먼저 짧고 빠르게 전진한다면 역습 당하는 가능성이 거의 희박하다.

한편 상대선수에게 강한 공격 기세와 동시에 빠른 일족 전진으로 유효거리로 들어왔다는 성급한 판단을 유도한 후 깊이 생각할 여유도 없이 과감한 머리공격을 감행하도록 심리를 자극해야 한다. 그리고 상대방의 머리공격에 이미 예측된 동작이기 때문에 당황하지 않고 받아 허리를 빠르고 안정되게 타격할 수 있다. 상대선수의 칼을 머리 위에서 받을 때 마중을 나가듯 거의 동시에 나의 칼을 들어 올려 스쳐 비비듯이 받아야 한다. 그리고 나의 왼쪽 어깨로 당기는 순간 빠르게 내리면서 허리를 벤다. 한편 상대 칼을 스쳐 올려 받을 때 강하게 옆에서 치듯 부딪치면 허리를 순간적으로 베는 시간이 지체된다. 그리고 상대는 즉시 몸의 중심을 바로 잡으면서 손을 내려 자신의 허리를 방어하기 때문에 허리 베기를 실패할 가능성이 크다.

그리고 앞으로 짧게 일보를 이동하는 과정에서 무게 중심이 앞발로 쏠리지 말고 약간 뒷발에 두어 즉시 머리를 받아 허리를 베고 나갈 준비를 해야 한다. 이동 후 몸의 무게중심이 앞발에 쏠리면 다음 동작을 원만하게 수행할 수가 없다. 그래서 평소에 검도를 수련하면서 짧게 일보 전진하면서 즉시 뒷발을 당겨 신체의 무게가 약간 뒷발에 실리도록 연습을 충분히 한다면 실전에서 효과적으로 활용할 수 있다.

> key point _ 자신감, 충분한 허리 훈련, 편중된 주의집중 금지, 적절한 주의집중 배분, 순간의 짧은 일보 전진, 강한 공격 기세로 전진, 진진 후 무게중심은 뒤발, 스쳐 비비듯 받음.

전진
상대선수가 공격하기 위하여 1보 전진을 하는 순간

빠른 전진

상대선수가 앞발의 이동에 이어 뒷발의 이동이 끝나기 전에 먼저 짧고 빠르게 1보 전진을 한 후 상대의 다음 공격을 대비한다.

머리

상대선수는 자신이 전진하면서 상대가 앞으로 이동하는 것을 포착했을 때 공격 기회로 판단하고 공방불이의 여유도 없이 과감하게 머리공격을 시도한다.

스쳐받아

상대선수가 성급히 머리공격을 하면 상대칼을 마중나가 듯 머리위에서 스쳐 받는다.

받아 허리

머리위에서 스쳐 받은 후 과감하게 칼을 대각선으로 내리면서 허리를 베어 나간다. 강하게 허리를 벤 후 칼을 빼는 순간 손에 힘을 계속 넣고 있으면 어색한 동작이 된다.

스포츠 심리 분석

나오는 머리를 받아 허리 베기를 위해 상대방이 앞으로 이동하는 순간 우선 강한 공격적 기세를 상대에게 전달하여 심리적으로 중압감을 일으켜야 한다. 놀람과 당황함, 망설임, 당황의 4병病으로 상대 선수의 각성이 상승하면 심리적으로 당황하여 주의집중이 분산되고 폭이 좁아져 상황을 예리하게 판단할 수 없다. 상대선수는 심리적으로 불안과 긴장이 고조된 부정적인 심리상태이므로 유효거리로 진입한 의도된 접근을 냉정하게 인식하지 못한다. 공격 타이밍으로 판단하면서 과감하게 머리공격을 시도한다.

상대선수는 냉정한 인식보다는 공격에 대한 쏠린 심리상태에서 성급한 머리공격을 감행한다면 후의선인 받아허리의 역습에 대해 재빨리 손을 내려 방어하는 공방불이攻防不二의 심리적 여유가 없다.

허리공격은 과감하게 뛰어들면서 감행할 수도 있지만 강한 공격 기세를 상대에게 전달하면서 일족 전진 후 나오는 머리를 받아 베는 허리가 더욱 성공률이 높고 섬세한 기술이다.

이영호사범 검도대회 수상 경력

2005년 · 제5회 (고 전맹호) 전주시장배

　　　　 전국도장검도대회 중년부 개인전 3위

　　　 · 제3회 국민생활체육 부산광역시

　　　　 검도연합회장기 중년부 개인전 우승

　　　 · 제5회 남해군수기 영호남 사회인검도대회 중년부

　　　　 개인전 준우승

2006년 · 제26회 부산시장기 종별검도대회 중년부 개인전 3위

　　　 · 제6회 남해군수기 영호남 사회인검도대회 중년부

　　　　 개인전 3위

2008년 · 제28회 부산시장기 종별검도대회 중년부 개인전 우승

　　　 · 봉림기 전국실업검도대회 남자2부 개인전 3위

2009년 · 제29회 부산시장기 종별검도대회 중년부

　　　　 개인전 준우승

2006년 · 전국 국민생활체육대축전 단체전(부산대표) 준우승

2007년 · 제27회 부산시장기 종별검도대회 일반부단체전 우승

2008년 · 제28회 부산시장기 종별검도대회 일반부단체전 우승

현) 연제 검도관 (부산시 연제구 연산1동 581-20) 관장

　　 대한검도회 공인 4단.

3-2-1 손목머리

⊙ 독백을 활용하여 스스로 동기를 강화시킨다.

⊙ 정신력은 최고의 경기력이다.

선수들은 평소 도장의 친숙한 분위기와 좁은 공간에 익숙한 시각을 갖고 있다. 그래서 많은 선수들이 모인 넓은 체육관에서 경쟁의 긴박한 흐름을 피부로 체험할 때 몸에서 본능적으로 전투적인 반응 flight and fight response이 촉진되어 불안한 심리변화와 당황스러운 긴장감이 고조된다. 이처럼 검도대회는 하루의 거름도 없이 흘린 땀과 노력의 결실을 평가하는 실험대로 애검자 愛劍者들에게 언제나 마음의 설레임과 짜릿한 흥분을 자극한다. 17년 검도수련을 지속적으로 수행하면서 수많은 대회에 참가하여 다양한 경기 경험을 축적하였다. 하지만 경기 코트로 입장할 때마다 가슴 두근거리는 초조함과 긴장감은 첫 시합부터 오랜 경험을 쌓은 지금까지 풀지 못하는 숙제로 여전히 남아있다.

내가 우승한 2007년 부산시장기 종별검도대회 역시 경기 내내 불안정한 정서(초조, 불안, 긴장 등)를 경험하였다. 그러나 이번 시합은 나에게 또 다른 의미가 부여되는 경험이었다.

검도에 입문하여 거의 15년이 지난 올해 초에 4단 승단시험에 합격하였다. 지금까지 묵묵히 성실하게 수련한 검도의 작은 결실에 기쁨의 감동이 온몸에 울렸다. 그러나 훌륭한 선임자들은 후배의 마음에 작은 허물과 자만심을 경계하여 다음과 같이 일러둔다. '4단 승단은 검도수련에서 한 고비를 넘기는 분기점인 동시에 지금부터 검도를 열심히 수련한다면 조금씩 깨닫게 된다는 새 출발의 깊은 의미이다.'

4단 승단 후 첫 검도대회가 다가왔다. 절박한 경쟁에 대한 초조와 긴장이 있는 반면 약간의 심리적인 여유도 생겼다. 평소 시합을 대비하면서 느끼지 못했던 또 다른 무엇이 가슴에 와 닿았다.

검도경기의 토너먼트 방식은 냉혹하다. 한 번 패배하면 다시는 기회가 없기에 경기가 진행될수록 더욱 긴박한 상황이 전개된다. 그러나 부산시장기 종별검도대회에서 개인 8강전은 그야말로 감동적인 영화의 한 장면처럼 기억 속에 선명하다. 다른 경기보다는 8강전에서 더욱 힘겨운 상대를 맞이하였다. 격렬한 접전은 경기 중반에 접어들어 육체의 극한 한계를 넘었다. 양선수의 체력은 한 치의 오차도 허용할 수 없는 치열한 공방전을 벌이면서 거의 소진되었다. 나 역시 견디기 어려운 인내에 힘겨웠지만 상대선수의 눈에서도 심신의 피곤한 기색이 뚜렷하게 비쳐졌다. 심신이 소진된 상태에서 정신력이 부족하면 집중력이 떨어져 섬세한 공격 기술과 방어 능력이 둔화되어 경기력이 현저히 저하된다.

경기를 수행하면서 신체의 극한 한계를 극복할 수 있는 것은 오직 정신력이다. 정신력이 저하되면 집중력이 분산되어 운동감각이 민감하지 못한다. 즉 경기력이 급격히 감소한다. 그러므로 끊임없이 자신에게 자신감과 승리 가능성을 확인시키는 격려의 독백 self talk을 충분

히 활용해야 한다. '넌 할 수 있어', '상대선수도 나와 똑 같다', '조금만 견디면 이긴다.'

상대의 부주의한 전진에 이어 뒤로 이동하는 움직임에서 거리와 마음의 틈을 순간적으로 포착하였다. 짧고 빠르게 일보 전진하면서 손목에 강한 콕크를 걸면서 손목머리의 기술로 온몸을 던지듯 도약시켰다. 속도와 무게가 실린 칼은 상대선수의 손목에 이어 정확하게 머리위에 꽂혔다. 상대는 손목을 겨우 방어한 후 몸을 뒤로 빼면서 중심이 무너지는 순간에 '팍~' 강한 머리타격을 허용하였다. 관중들의 박수와 간결하고 강한 손목머리기술에 대한 감탄의 소리가 울렸다.

손목머리기술에서 손목이 먼저 정확하게 타격되면 즉시 존심을 취해야 한다. 그러나 나는 경기에서 손목머리기술을 구사하면서 상황적으로 응용한다. 나의 경우 손목머리의 공격에서 주요 포인트는 머리이다. 손목을 강하게 공격한 후 상대가 몸을 뒤로 젖히거나 겨눔 자세가 흐트러져 중심이 무너지는 순간에 최종 목표인 머리로 뛰어들어 타격한다. 손목을 공격하는 경우 100% 전력의 힘을 쏟아야 상대방에게 마음의 동요와 심리적인 부담을 줄 수 있다. 그러나 일차적으로 손목을 타격할 때 시선을 손목에 집중하고 몸의 무게중심이 앞으로 쏠리게 되면 결국 몸이 앞으로 기울인 상태에서 머리를 치게 되므로 최종 목표인 머리공격에 스피드가 떨어져 타이밍을 놓치게 된다. 한편 몸이 앞으로 기울여진다면 공방불이의 민첩한 동작이 어려워 상대의 역습을 받을 가능성이 높다. 그래서 손목 타격은 상대 중단의 정중선을 무너뜨린다는 전략으로, 눈은 상대의 눈을 주시하면서 허리를 올바르게 세워 공격해야 한다. 손목을 치는 경우 큰 칼로 타격하면서 손목의 콕크가 강해야 상대의 중심이 쉽게 열리고 머리로 공격해 들어가는 몸은 가속이 붙어 더욱 빠른 머리를 타격할 수 있다. 특히, 손목을 칠 때 나의 몸이 상대방을 향해 깊이 들어가야 한다. 얇게 들어가 손끝만으로 기술을 걸면 뺄머리나 손목스쳐올려 머리로 역습을 당하게 된다.

8강전에 대적한 상대선수도 검력이 깊고 풍부한 경기 경험을 갖추었다. 그러나 격렬한 경기운영으로 심신이 지친 상태에서 집중력이 저하되어 주의가 분산되어 상대에게 공격의 빈틈을 허용하였고 방어의 순발력도 둔화되었다.

지금까지 검도를 연마하고 다양한 경기에서 철저하게 경험한 교훈이 있다면 '검도는 절대 짧은 기간에 체득되지 않는다' 는 것이다. 4단 승단을 준비하면서 각각의 동작에 대하여 긴 시간 속에 섬세하고 체계적인 연습을 충분히 축적했기 때문에 가능했듯이, 숨이 멎을 것 같은 절박한 경기를 수행하면서 한 동작의 기술을 시합에 접목하여 자동적으로 수행하려면 몇 달 전부터 꾸준히 수련하고 연마시켜야 한다. 우승의 열매는 노력과 땀의 결과로 맺는 것이다. 그러므로 선수는 경기에서 최고 실력을 발휘하기 위하여 효율적인 경기운영, 지속적인 체력단련, 기술훈련 그리고 강한 정신력이 요구된다.

key point _ 숙달된 기술, 독백, 성실한 체력 훈련, 왕성한 기세의 손목 후 머리, 손목을 타격할 때 허리를 굽히지 않는다. 강한 정신력.

겨룸

겨룸 상태에서 상대에게 빈틈을 허용하지 않는다.

전진

상대선수가 공격 빈틈을 찾기 위해 앞으로 전진한다. 그러나 마음의 동요 없이 철저하게 중단을 유지한다.

후퇴

상대선수가 빈틈을 찾지 못하고 다시 뒤로 물려서는 순간 1보 전진하면서 강한 기세로 손목을 공격한다.

손목

강한 기세로 뒤로 후퇴하는 상대의 손목을 공격한다.

손목공격

강한 기세로 손목을 공격하면 급히 방어는 했지만 상대의 심리는 상당히
동요하게 된다.

동요

심리적으로 동요된 상대의 신체 중심은 뒤로 흩어진다.

머리

이 순간 손목에 이어 강하게 머리를 타격한다.

스포츠 심리 분석

섬세하고 긴박한 검도경기에서 주의집중이 분산되는 그 순간이 패배하는 순간이다. 집중력이 떨어지면 빈틈이 노출되어 공방불이攻防不二의 경기감각이 상실된다. 그리고 상대선수는 정확하게 이 빈틈의 찰나를 포착하여 공격한다.

집중력이 분산되는 경우는 다양하다. 상대의 강한 공격력, 부정적인 예측, 불안한 경쟁심리, 부담되는 관중들의 시선과 기대 등이 원인으로 작용하지만 경기가 거듭될수록 체력의 소진이 가장 중요한 원인이 될 수 있다. 체력이 떨어지면 공방불이의 날카로운 경기감각이 둔해지고 강한 경기의욕이 상실된다. 이런 심리는 상대선수에게 스스로 빈틈을 노출시켜 통한痛恨의 1판으로 이어진다. 체력은 일시에 향상되는 것은 아니다. 시합을 대비하여 평소 검도연습에서 지속적으로 연마해야 한다. 그러나 경기 과정에서 체력 소진이 원인이 되어 의욕상실과 무기력증의 부정적인 심리가 유발되면 스포츠심리기술(긍정적인 독백, 부정적 생각에 대한 사고정지, 심상. 감정전환, 인지재구성 등)을 적극적으로 활용하여 각성 촉진과 신체활동을 상승시켜야 한다.

어느 철인3종 경기자의 술회이다. 아무리 경기 전에 체력 단련과 정신무장을 하여도 인간 한계에 도전하는 철인3종 경기를 수행하는 도중에 꼭 한두 번 체력의 극한적인 한계를 경험한다. 이런 상황을 맞이하여 해결 방법은 두 가지밖에 없다. 자신에게 스스로 말한다. '지금 포기하자!', '죽더라도 뛰다가 죽자!' 체력 한계를 극복하는 정신력은 최후의 상황까지 감수하려는 굳은 결심을 가질 때 가능하다.

3-03 이석환 사범 師範

이석환사범 검도대회 수상 경력

1999년 전주시세심관배 생활체육검도대회 중년부 개인우승

2000년 울산시검도대회 중년부 개인우승

2001년 한국사회인 검도대회 중년부 단체3위

2004년 부산사하구 생체시합 중년부 개인준우승

2004년 부산검도회장기 중년부 개인3위

2004년 부산시생체대회 중년부 개인3위

2005년 부산시생체대회 노장부 개인우승

2006년 부산시장기 노장부 개인우승

2006년 부산시생체시합 노년부 개인준우승

2007년 한국사회인대회 노년부 개인8강

2009년 부산시장기 검도대회 노장부3위

2010년 부산회장기 검도대회 노장부 개인우승

현) 미국선급협회 수석검사관

    대한검도회 공인 4단. 청심관 소속

3-3-1 손목

◉ 지나침은 부족함보다 못하다

◉ 주의집중을 철저히 유지하라

2004년 10월 부산시회장기검도대회는 부산 사직체육관에서 개최되었다. 울산에서 이사 온 후 처음 부산에서 검도대회에 출전하였다. 회사 내 동아리에서 지도사범, 선임자 그리고 동기들과 서로 공부하며 검도에 대한 지식과 기술 연마에 땀을 쏟았다. 그래서 이번 검도시합이 그 동안 노력에 대한 실험무대라는 생각에 은근한 기대와 초조한 마음에 심리적으로 긴장하였다.

경기는 개인전부터 시작되었다. 경기 전에 밖에서 간단히 인사를 나눈 사람과 대적하여 상대선수에 대한 불안과 긴장은 약간 감소되었지만 장신과 머리공격 후 몸받음에서 전달되는 강한 힘에 상당히 당황스러웠다. 하지만 강약의 부드러움이 부족한 상대선수의 경직된 큰 동작은 움직임이 둔하여 기술은 날카로움이 부족하였다. 상대선수와 긴박한 겨눔 거리에서 몇 번의 죽도 부딪침과 누름 그리고 전후좌우의 빠른 움직임으로 서로를 철저히 견제하며 공격 기회를 조심스럽게 탐색하였다.

나는 몇 번의 머리공격을 시도했다. 그러나 상대선수의 후의선 역습을 의식해 공방불이攻放不二에 유리한 손목머리의 위협적인 연타로 상대를 압박하기 시작했다. 나오려는 상대선수의 움직임에 선先의 날카로운 손목머리공격에 상대선수의 상체가 뒤로 기울어지면서 무게 중심이 무너졌다. 이때 강한 몸받음으로 상대를 2~3보 밀어낸 후 공격거리의 포착과 동시에 위협적인 머리공격을 시도하여 힘겹게 1 판승을 얻어냈다.

'2판째' 신호가 선고되면서 과잉의 자신감은 주의집중의 폭을 좁 게 만들어 경기 전체흐름을 냉정하게 바라보는 판단력을 둔하게 만 들었다. 철저한 탐색도 무시한 채 상대의 가벼운 이동에 일보 전진과 동시에 뒷발로 강한 발돋움을 하면서 머리공격을 위해 정면으로 죽 도를 날렸다. 그러나 유효거리보다 약간 벗어난 무모한 시도의 무딘 칼이 상대 머리에 닿기도 전에 날카로운 머리받아 허리에 나의 허리 가 먼저 베이고 말았다. 3명의 심판기가 동시에 올랐다. 경기 본수가 1:1이 되었다. 이제 마지막 승부가 남았다. 흐트러진 마음을 엄격히 경계하여 다시 초발심初發心으로 돌아갔다.

상대선수의 빠른 발의 미세한 움직임과 빈틈없는 정중선의 겨룸 은 안전한 유효거리의 확보와 결정적 공격 기회를 포착하기 무척 어 렵게 만든다. 1판으로 결정되는 '승부경기'의 중요성으로 상대는 나 의 손목 기술을, 나는 상대의 허리 기술을 의식하면서 과감한 기술을 서로 걸지 못하고 긴장하는 탐색전만이 계속 유지했다. 상대선수가 전진에 이어 뒤로 물러나는 이동에 나는 강한 기세를 취하면서 빠르 게 짧은 일족의 전진과 동시에 칼끝을 상대 칼 밑으로 겨냥하면서 거 리를 좁혀갔다. 순간 상대선수는 몹시 당황하여 마음에 동요를 일으 키며 냉정한 판단력이 흐려졌다. 유효거리로 날카롭게 접근하는 나 의 공격 움직임에 심리적으로 쫓기는 듯 중압감에 견디지 못하고 공격기회로 착각하였다. 그는 급히 일족 전진과 동시에 머리를 타격하기 위하여 힘찬 동작을 일으켰다. 그러나 이미 예측된 나의 손목 타격은 가장 빠른 속도로 상대 칼이 나의 머리에 닿기 전에 힘찬 '손목' 이라는 기합 소리와 손목의 강한 콕크를 이용하여 뜨는 손목을 찍었다. '팍~' 경쾌한 울림과 동시에 3명의 심판 전원이 파란 깃발을 올리면서 1판승을 인정하였다. 어려운 상대를 맞이하여 위기의 1차전은 상대를 2:1로 제압할 수 있었다. 비록 개인전에서 결승전의 분패로 준우승에 머물고 말았지만 집중력에 대한 1차전의 엄중한 교훈은 결승전까지 가는 여러 경기를 극복하는 소중한 경쟁심리기술로 작용했다.

손목은 타격부위가 앞으로 약 20cm 정도 돌출되어 타격하기 쉽다. 그러나 손목을 공격하여 실패할 경우 자세가 낮기 때문에 머리에 역습 위험을 감수해야 한다. 손목공격은 충실한 기세, 순발력, 정확성이 생명이다. 순간적인 기회가 포착되어 뛰어들 때는 온몸을 던지듯 과감하게 시도해야 한다. 그것이 성공하지 못하는 경우 상대방의 중심을 무너뜨려 후의선의 반격을 최소화시킬 수 있다. 손목공격의 타이밍을 살펴보면 들어가는 손목은 상대선수가 일보 전진하려는 순간 과감하게 뛰어들어 타격해야 한다. 그러나 상대선수가 머리를 치기 위하여 나오는 손목을 타격하는 경우는 수동적으로 기다려 타격하는 것보다는 머리공격을 유도한 후 짧고 강하게 끊어쳐야 한다. 상대가 일보 전진하려는 순간이나 일보 퇴보하는 즉시 짧고 빠르게 전진하여 칼끝을 상대 코등이 아래로 넣으면서 뒷발에 무게를 실어 손목을 칠 준비가 되어 있어야 한다. 눈은 상대의 눈을 주시해야 한다. 공격하려는 부위에 시선을 두면 전술이 노출된다. 마음이 있는 곳으로 눈이 따라 가기에 상대에서 기술이 쉽게 간파되어 실패하거나 오히려 역이용 당하여 치명적인 반격을 당할 위험이 높다. 그리고 눈을 한곳에 집중하면 몸과 마음이 고착화되어 역동적인 변화 속에서 순간 공격과 방어의 순발력이 떨어진다.

한편 상대선수가 심리적 압박감에 냉정한 판단력을 잃고 머리공격을 위해 몸이 뜨는 순간 강하고 짧게 끊어 친다. 이때 동작이 둔하거나 칼을 길게 뻗어 치면 유효타격이 되지 못하고 오히려 머리를 먼저 내줄 수 있다.

개인전에 대한 시합반성을 하면 우선 선수는 경기에서 자신의 공격거리를 먼저 정확히 파악해야 한다. 그리고 자신보다 큰 사람과 대적할 경우에 철저한 정중선의 중단과 민첩한 발의 움직임이 요구된다. 빠른 발의 이동을 통해 충분한 거리를 유지하면서 반 박자 먼저 공격의 유효거리를 찾는 것이 중요하다. 공격거리나 타이밍에 대한 섬세한 기회를 무시하고 심리적 중압감을 견디지 못하고 뛰어들거나 자신만의 착각에 온몸을 던지는 공격일변도의 시도는 자살행위나 다름없다. 그리고 상대 움직임을 정확하게 파악하면서 노련한 발의 운용으로 위협적인 공격이 일어나지 못하도록 미리 견제하는 것도 중요한 기술이다. 키가 작은 사람은 신체적으로 장점보다 불리한 조건임에 틀림없지만 다양한 기술과 노련한 보법을 활용한다면 충분히 만회할 수 있다.

상대공격을 견제하는 방법

첫째, 적절한 발의 움직임으로 공격거리를 쉽게 노출시키지 않는다.

둘째, 칼끝을 노련하게 운용하여 상대선수의 심리를 불편하게 만
들어 중심을 무너뜨려야 한다.

셋째, 상대의 공격에는 죽도로 방어한 후 즉시 역습할 수 있도록
중심을 흩트리지 않는다. 그러나 위급한 상황에서는 몸으로
피해야 한다.

넷째, 선수들은 이러한 동작이 경기에서 자연스럽게 실행될 수 있
도록 평소 순서대로 성실히 연마해야 한다.

key point _ 주의집중, 손목 타격 시 상대 눈 응시, 노련한 발
의 운용, 손목 타격 전 상대선수의 손목 주시 금
지, 일족 전진 시 칼 끝을 상대 칼 아래 둔다. 짧
고 빠른 일보 전진.

스포츠 심리 분석

과잉의 자신감은 각성을 상승시켜 주의집중력 분산을 야기하고
냉정한 판단력을 상실하게 한다. 그리고 지나친 자신감은 냉정한 공
방불이의 신중함보다 무모한 공격적 심리를 유발시킨다. 민감한 검
도경기에서 마음이 한 쪽으로 집중되면 전체 경기흐름과 상대선수의
움직임을 냉철하게 판단하지 못하여 공방攻防의 순발력이 둔해진다.
상승된 각성으로 인하여 경직된 신체는 섬세한 공격력에 방해가 되

머 빈틈을 노출시켜 결정적인 패배원인이 된다.

겨룸

정신을 집중하여 상대의 움직임에 철저히 준비한다.

전진

상대가 일보 후퇴하면 즉시 따라 들어간다.

손목준비

상대가 후퇴하면 즉시 일보 전진하면서 칼을 상대 칼 밑에 둔다.

머리

상대선수가 나의 전진에 성급하게 머리를 공격하면 손목을 공격한다.

손목

거의 제 자리에서 올라오는 손목을 콕크를 이용하여 짧고 강하게 찍는다.
손목을 공격하면서 오른발이 많이 나가면 손목치는 유효 거리가 없어진다.

존심

손목을 타격한 후 잔심을 강하게 취하면서 역습을 당하지 않기 위하여 오
른쪽으로 충분히 빠진다.

3-3-2 어깨메어머리

◉ 페인트는 강한 기세로 수행한다.

◉ 최상의 경기력은 무아 無我의 경지에서 수행된다.

2004년 10월 부산시 회장기검도대회 개인전에서 결승진출의 아쉬운 좌절을 잊어버리고 단체전 시합에 몰입했다. 초등, 중고등, 여자, 일반 등이 포함된 7인조 경기에서 주장으로 출전하였다. 그동안 학생들은 각종 경기에서 상당히 강한 경기력을 발휘하였으나, 일반부 선수들의 검력이 부족하여 번번이 예선 탈락했다. 우리팀 지도자는 이번 경기에서도 큰 기대는 없었지만 실력이 뛰어난 젊은 부사범과 나의 동참에 전체 경기력이 상승되었기 때문에 약간 긍정적인 결과를 기대하고 있었다.

주심의 '시작' 소리와 동시에 긴장되는 첫 번째 경기가 진행되었다. 단체전에서도 상당히 고조된 긴장과 초조한 심리로 부담스러웠지만 다행히 선봉으로 시작되는 학생들과 청년부의 시합에서 모두 현저한 실력차이로 상대선수를 물리쳤다. 주장인 나는 편안하고 안정된 경쟁심리를 안고 시합을 수행하면서 잠재된 경기력을 충분히 발휘할 수 있었다. 상대선수의 상실된 의욕은 오히려 나의 자신감을 더욱 자극하여 경기를 쉽게 승리로 마무리 했다.

2차전에서 만난 팀은 이름만 들어도 누구나 알 수 있는 유명한 팀이었다. 특히 일반부에 실력이 우수한 선수로 구성된 우승후보의 팀이었다. 그러므로 우리선수들은 경기수행의 부정적인 예측과 긴장으로 상당히 심리적으로 위축되었다. 그러나 2차전에서 전위의 학생들과 청년이 강한 기세와 위협적인 공격을 펼치면서 승리로 경기를 이끌어갔다. 주장으로서 심리적인 부담이 다소 가벼워졌다.

주장전이 시작되었다. 상대팀의 주장은 빈틈없는 중단과 간결하고 깨끗한 기술을 구사하면서 천천히 그리고 공격적으로 거리를 좁혀왔다. 상대의 칼끝에서 전달되는 타격 강도는 상당히 무게가 실려있었고 미세한 빈틈을 놓치지 않고 과감하게 뛰어드는 머리는 매우 위협적이었다. 나는 경기 초반부터 계속 방어에 급급했다. 도무지 시합을 원만하게 풀어갈 자신이 없었다. 코등이싸움에서 상대의 코등이를 위로 올리는 동시에 퇴격허리를 치면서 뒤로 빠졌지만 나의 시도를 미리 간파한 상대는 방어 후 즉시 따라오면서 머리를 타격하여 득점을 선취하였다.

그러나 상대선수는 팀 게임스코어가 2:3에서 본수의 득실은 2점 차이로 불리하기 때문에 나에게 2:0으로 이겨야 대표전을 할 수 있는 절박한 상황을 맞이하였다. 반드시 이겨야 한다. 그것도 2:0으로 승리해야 한다는 심리적 부담은 과잉의 긴장을 유발하여 주의집중의 범위를 좁게 만들었다. 성급한 마음은 전체 경기흐름을 올바르게 파악하는 냉정함보다는 온 신경을 공격하는 방향으로 집중되었다.

'2판째' 선언 이후 나는 공격적인 전략으로 경기흐름을 전환하였다. 1점을 먼저 내어주었지만 경기초반과 달리 위협적인 접근전으로 계속 경기를 주도하면서 상대의 심리를 흔들었다.

날카로운 일보 전진에 주춤하는 몸의 움직임에서 상대선수의 손목이 약간 올라왔다. 순간 기회를 놓치지 않고 과감하게 손목으로 뛰어들어 동점을 이루었다. 1:1의 상황에서 곧 4분의 경기가 끝났다. 한 번의 위기를 극복한 다음 두 번의 경기를 치루고 이번 대회에서 가장 중요한 단체전 결승전을 맞이하였다. 도장 개장 후 처음으로 결승전에 진출하였다. 지도자도 가슴 벅찬 표정과 흥분을 감추지 못하고 작전 지시를 내리고 있었다.

경기가 시작되자 선봉으로 출전한 학생을 포함하여 청년들은 3판 시합에서 2:1로 승리하였지만 양 팀의 긴박한 경기는 전체 게임스코어 3:3이 되면서 결국 주장인 나에게 최종 우승의 승패가 남겨졌다. 나의 칼끝에서 승패의 모든 것이 갈라진다는 현실에 상당히 당황스럽고 긴장된 경쟁심리가 나를 압도했다.

팀 지도자는 강한 상대 주장의 실력을 대비하여 주장전을 비긴 후 대표전에서 실력이 월등한 젊은 청년을 출전시키면 우승할 가능성이 매우 높다는 전략을 구상하였다. 그래서 나에게 모험적인 경기 운영보다는 최소한 비겨달라는 주문을 하였다.

결승전의 힘찬 '시작' 신호는 무거운 공기를 깨면서 대회 분위기를 순식간에 흥분시켰다. 상대선수도 결승전의 무게에 쉽게 공격기술을 걸지 못하였다. 신중한 탐색전은 두터운 호면 속에 감추어진 초조하고 긴박한 심리를 암시하고 있었다. 깊은 침묵을 깨려는 시도는 나의 손목머리공격으로부터 시작되었다. 한번 깨어진 팽팽한 균형은 그동안 억제된 불안감을 떨쳐내듯 결렬하게 폭발시켰다. 곧바로 반응하는 상대선수의 날카로운 칼과 예리한 움직임은 승부 세계의 긴장감을 더욱 고조시켰다. 양선수의 거친 움직임에서 표출되는 격렬함과 숨 가쁘게 전개되는 타격전은 경기의 비중을 비약시켰다. 양선수의 응원진과 관중들을 열광의 흥분 속으로 몰아넣었다.

손목, 손목머리 그리고 과감하게 뛰어든 머리공격을 다양하게 시도하였지만 상대선수는 미리 의도를 예측하여 적절히 대처하였다. 상대가 나오려는 기회를 놓치지 않고 손목머리를 타격한 후 맹렬한 코등이싸움에서 퇴격머리 그리고 퇴격허리기술을 걸었지만 성공하지 못하였다. 빠른 심장박동과 호흡은 더욱 거칠고 짧아졌다. 땀이 비 오듯 호면 안을 적시며 눈앞을 간간히 가렸다. 상대선수도 당황하는 나의 빈틈을 예민하게 파악하는 순간 일직선으로 파고들면서 곧장 머리를 노렸다. 간헐적으로 강하게 치고 나오는 상대선수의 과감한 공격은 나의 중심이 급하게 무너지면서 심신이 산산이 흩어지듯 전율을 일으켰다. 긴박한 서로의 공격과 반격은 양쪽 응원진과 관중을 더욱 긴장하고 초조하게 만들었다. 빈틈을 찔러오는 상대의 섬세한 기술은 나보다 실력이 우수하다는 느낌을 받았다. 3분이 지나가도록 다양한 기술을 거의 시도했지만 상대의 노련함에 모두 실패하고 말았다. 경기종료 시간은 얼마 남지 않았다. 그러나 나는 무승부의 작전을 의식하며 모험적인 공격을 삼가며 자신을 억제하였다.

그런데 어느 순간 나도 모르게 몸을 활발히 움직이면서 경기흐름을 공격적으로 이끌어가고 있었다. 철저한 중단을 유지하면서 계속 상대를 심리적으로 조여 가다가 공격거리에 들었다는 판단이 드는 즉시, 일족 전진하면서 타격 타이밍을 반박자 늦추어 타격하는 '어깨 메어머리' 공격을 시도하였다. 상대선수는 나의 머리공격에 대비하여 적절한 반격을 예상하다가 전혀 예기치 못한 기술에 의표를 찔렸다. 힘이 실린 죽도가 상대의 머리를 정확하게 타격하는 순간 1판승의 심판기를 확인하기도 전에 체육관을 날려 보내기에 충분한 우리 응원진의 우렁찬 함성이 먼저 울려 퍼졌다.

페인트 머리기술의 일환으로 죽도를 왼쪽 어깨에 둘러메고 후려치는 기술은 상반신의 갑작스런 모션으로 상대를 심리적으로 혼동시키고 방어동작을 무너뜨린 후 타격하는 것으로 타이밍을 훔치는 기술이다. 따라서 동작은 과감하고 화려하게 시도하는 편이 좋다. 또한 상대의 의표를 찔렀을 때 성공률이 높다. 다양한 기술을 구사하여 승패가 결정되지 못하고 경기가 교착 상태가 되었을 때 의외로 성공률이 높다. 야구의 세이프티 뻔트와 같이 상대가 예기치 않을 때 감행해야만 효과가 있다. 기본 동작으로는 중단 겨눔에서 갑자기 죽도를 왼쪽 어깨로 당겨 거의 수평으로 멘다. 이때 일보 끌어 걷기 스텝으로 크게 앞으로 나간다. 그리고 왼쪽 어깨 위에서 죽도로 과감히 머리 또는 우측머리를 친다. 이때 오른발을 크고 날카롭게 내딛어 간다.

그러나 이 기술을 사용하는 경우에 머리, 손목, 찌름에 대한 빈틈이 노출되므로 안정적인 자세와 심리상태에서 기다리는 상대선수에게 사용하면 선의선 공격을 당하는 위험이 매우 높다. 그러므로 반드시 상대방이 일보 전진 혹은 일보 후퇴하며 움직이는 순간이나 지나

치게 긴장하여 주의집중이 한곳에만 쏠려 있을 때 과감하게 들어가면서 죽도를 둘러메어 상대선수의 중심을 무너뜨린 후 공격해야 한다.

> key point _ 상대선수가 움직일 때 일보 전진하면서 어깨메어 상대의 중심을 무너뜨린 후 공격 시도, 과감하게 수행, 한발 전진과 동시에 어깨메는 동작에서 강한 공격 기세 전달.

겨룸
중단세에서 한 치의 빈틈을 보이지 않으면서 강한 긴장감을 전달한다.

전진

왕성한 공격 기세를 담아 일보 전진한다.

어깨메어머리

일보전진 후 즉시 짧고 빠르게 공격 기세로 어깨메어를 취한다. 상대는 머리 공격으로 착각하면서 심리적 동요와 함께 방어동작을 수행한다.

머리

어깨메어 페인트에 상대선수가 방어동작을 취하고 다시 정상자세로 돌아
가는 순간 반 박자 늦게 머리를 강하게 타격한다.

스포츠 심리 분석

　　훌륭한 경기를 펼친 선수들의 회고를 보면 무심 無心의 심리상태
flow에서 경기를 수행한 기억이 많다고 한다. 이러한 무심의 심리상태
를 정확하게 정의내린다는 것은 매우 어렵다. 신경생리학에서는 뇌
파가 알파파(α, 8~12Hz)인 경우에 선수들이 가장 실력을 잘 발휘할 수
있는 상태라고 제시한다. 그러므로 다양한 심리기술훈련을 통해 의
도적으로 알파파를 유도하여 자신의 기량을 극대화 시키려는 시도가
실험실 및 현장에서 이루어지고 있다. 운동수행에서 가장 적절한 심
리 요소(각성정도, 집중력, 목표의식, 정신력, 동기 등)는 하나의 고정된
조건이 아니라 경기상황에 따라서 다양하게 나타난다. 최적 운동상
태는 다양한 경기조건(상대선수와 나의 기량, 나의 컨디션, 몇 회전 경

기, 체력 상태, 심판의 성향 등)에 따라 변화될 수 있으므로 평소 경기를 통해 적절한 심리정도를 점검해야 한다.

김영우사범 검도대회 수상 경력

2007년 제27회 부산시장기 검도대회 노장부 개인전 3위

2007년 제7회 범사 방영현 추모 남해군수기

　　　　영호남사회인검도대회 노장부 개인전 3위

2007년 제5회 부산시 연합회장기검도대회 노장부 개인전 2위

2008년 제8회 범사 방영현 추모 남해군수기

　　　　영호남사회인 검도대회 노장부 개인전 2위

2008년 제28회 부산시장기종별검도대회 노장부 개인우승

2008년 제15회 부산시회장기검도대회 노장부 개인우승

현) 스마일 가발(주) 대표이사

　　대한검도회 공인 4단. 정심관 소속

3-4-1 스쳐내려머리

◉ 훌륭한 스포츠심리는 성실한 수련에서 연마된다

◉ 주특기를 숙달시켜라

17년 동안 꾸준히 검도수련에 정진하면서 많은 경기에 출전하였다. 그동안 스포츠 현장에서 다양한 대회 경험을 쌓으면서 진검승부의 마음가짐으로 수행되는 절박한 경기흐름은 미세한 마음의 빈틈도 결코 허용될 수 없다는 것을 절실히 깨달았다. 일상의 검도수련에 충실히 정진하지 못하고 게을리 연습한다면 긴박한 경기에서 자신감과 집중력이 저하되어 기량을 충분히 발휘하지 못할 것이다. 그리고 경기현장에서 냉혹한 경쟁을 극복하기 위하여 평소 검도 연마는 시합과 같은 신중한 마음가짐으로 진지하고 수행과 철저히 연구하는 자세로 단련해야 한다.

검도경기에서 상대를 공격하기 위하여 기술을 일으키는 방법(선의선, 대등의선, 후의선) 중에서 제일 바람직한 수행은 냉정한 관찰과 엄격한 자기 절제를 통해 과감히 뛰어드는 선의선 기술이다. 상대 공격이 일어나기 직전 먼저 제압하는 것이 검도 기술 중에서 명쾌한 타격일 것이다. 그러나 경기에서 대등의선 기술도 매우 중요하다. 평소 충분한 연습으로 대등의선 기술을 숙달한다면 경기에서 성공적인 수행으로 강한 성취감을 체감할 수 있다.

2008년 제15회 부산시회장기검도대회가 개최되었다.

단체전과 노장부 개인전에 출전하였지만 개인전 경기는 1회전부터 어렵게 출발하였다. 초반 경기를 맞이하여 긴장된 의식은 생리적 불안을 촉진시켜 신체 움직임은 자연스럽지 못하고 경직되었다. 유연한 동작의 리듬이 부족하여 강하고 빠른 타격이 원만하게 실행되지 못하였다. 2 ~ 3회전을 올라오면서 마음의 여유와 몸의 움직임이 좀 더 자연스럽게 되었다. 준준결승전에서 1:0의 절대 위기상황을 맞이하였지만 대회를 대비하면서 충실히 단련된 강한 체력과 정신력은 위기의 순간을 1:2의 역전승으로 극복할 수 있는 저력이 되었다.

마침내 결승전을 맞이하였다.

상대선수의 신장은 나보다 우수했다. 몸의 움직임도 민첩하고 칼은 공격적 경향을 띠었다. 미끄러지듯 다양한 변화를 그리면서 전후 좌우로 이동하는 경쾌한 발동작에서 공격적 유효거리를 가름하기가 무척 어려웠다. 짧게 부딪치는 칼의 감각은 강하고 빈틈이 없었다. 그는 우수한 체격을 이용하여 먼 거리에서 기회를 포착하는 순간 과감한 머리공격을 시도하였고 거친 몸받음으로 반격의 거리를 빠르게 차단하였다. 결승전에 올라오기까지 몇 번의 호쾌한 머리타격으로 득점한 상대선수는 머리공격에서 왕성한 기백과 충만한 자신감을 갖고 있었다. 신장이 큰 상대선수는 노련하게 원근遠近의 거리를 적절히 조절하면서 자신의 유효거리 확보와 동시에 좀처럼 나에게 공격거리를 허락하지 않았다. 그의 날카로운 공격은 허리나 손목보다 머리부위에 더 많은 비중을 두고 있었다. 자신만의 공격거리를 만드는 즉시 몸을 던지듯 나의 머리로 뛰어들었다. 심판들로부터 유효타격으로 인정은 받지 못했지만 위기의 순간을 몇 번 경험하였다.

그의 빠른 발 운용에서 동작이 멈추는 순간 빠르게 일보를 전진하여 유효거리를 좁혀갔을 때 급히 방어 태세를 취하였다. 공격의 틈을 포착하지 못하고 다시 짧게 일보를 물러난 후 앞으로 나아가려는 순간 상대선수는 몸을 약간 앞으로 기울면서 온몸을 던지듯 충실한 기세로 나의 머리로 뛰어들었다.

그러나 한 발 물러나는 즉시 뒷발에 힘을 실어 밀어걷기로 전진 준비를 했기 때문에 상대선수의 날카로운 머리공격을 순간 되받아 스쳐내려 머리치기 기술을 걸었다. 간만의 차이로 그의 칼은 나의 칼에 흘려 머리를 빗겨나갔고 나의 칼은 상대 칼을 스쳐내림과 동시에 들어오는 상대선수의 머리에 정확하게 꽂히면서 '타딱~' 하는 강하고 짧은 두 번의 소리가 거의 동시에 울렸다. 1판승을 인정하는 3명의 심판기가 올라가기 전에 관중들의 놀라운 탄성이 먼저 터져 나왔다.

개시선에서 '2판째' 선고가 내린 후 긴장된 한두 번의 칼끝 싸움이 이루어졌을 때 '중지' 라는 주심의 신호에 따라 긴박하였던 2008년 회장기검도대회 우승이 결정되었다.

스쳐내려 머리치기 기술은 머리로 날아오는 상대의 죽도를 대등의선으로 상대머리를 향해 곧장 달려들어 상대죽도가 나의 머리에 닿기 전에 스쳐내림과 동시에 머리를 강하게 타격하는 것이다. 이때 주의해야 하는 것은 상대죽도를 스쳐내리는 순간 '팍~' 할 정도로 강하게 부딪쳐 튕겨내듯 접촉하면 실패한다. 강하게 부딪치는 스쳐내려 머리치기는 들어오는 상대와 나가는 나의 이동에서 상대 머리를 공격할 수 있는 거리가 너무 좁혀지기 때문에 머리타격 타이밍이 뒤로 밀려 공격 기회를 놓쳐버린다. 그래서 이 기술은 상대죽도를 부드럽게 비비듯 스쳐 내리는 즉시 강하고 짧게 손목의 콕크 힘으로 타격해야만 멋진 1판을 성공시킬 수가 있다. 상대선수가 들어오기 때문에 스쳐내린 후 머리를 타격하면서 오른발을 멀리 나가면 공격 거리가 없으므로 거의 제자리에서 타격해야 한다.

그러나 상대 머리공격 타이밍보다 약간 늦은 순간에 타격의 동작을 일으켰을 경우 상대 칼을 스쳐내려 즉시 머리공격을 수행하면 이미 상대가 몸 가까이에 접근한 상태이기 때문에 올바른 타격거리를 얻을 수가 없다. 이러한 상황에서는 후의선으로 머리를 공격하는 상대선수 칼을 스쳐올린 후 공격에 실패한 상대가 칼을 내리면서 몸받음으로 급히 접근할 때 스쳐올림과 동시에 뒤로 물러나면서 과감하게 강한 퇴격머리를 시도하는 것이다. 2008년 제15회 시장기 종별검도대회에 출전하여 좀처럼 승부를 내기 힘들었던 결승전에서 이러한 후의선 스쳐내려 머리치기 기술을 극적으로 수행하여 노장부 개인우승을 하였다.

스쳐내려머리와 스쳐올려 머리기술은 경기 초반부터 시도하는 것보다는 4분 경기 중 거의 3분이 지난 후 상대선수의 집중력이 저하되고 서로의 기술에 대하여 내성이 생겨 승패의 결정이 좀처럼 이루어지지 않을 때 기습적으로 사용하면 성공 확률이 높다. 이 기술은 일반적으로 검도대회에서 손목, 머리, 허리처럼 누구나 쉽게 시도하는 기술은 아니다. 그리고 기술을 걸어도 정확한 타이밍과 섬세한 감각으로 실행하지 않으면 1판의 유효타가 되지 못한다. 이러한 성향으로 판단해 볼 때 대부분 선수들이 평소 수련이나 경기에서 스쳐내려 머리공격을 잘 활용하지 않기 때문에 공격력과 방어력의 적응력이 부족하다는 의미로 해석할 수 있다. 그러므로 평소에 검도를 수련하면서 스쳐내려 머리타격 기술을 꾸준히 연마하여 비장의 무기로 갖추어 놓으면 실전에서 극적 승리의 감동을 경험한다.

> key point _ 충분한 연마, 정확한 타이밍, 강한 손목 힘, 비비듯 스쳐 올림(내림), 거의 제자리에서 타격, 죽도를 팅기듯 강하게 스쳐내려(올려) 접촉하면 실패함.

겨룸

안정되고 충분히 집중된 상태에서 상대선수를 주시한다.

전진

공방불이의 긴장감을 갖고 상대의 빈틈을 찾기 위해 일보 전진한다.

후퇴

전진 후 상대의 동요가 없을 때 다시 일보 후퇴한다. 이때 상대공격에 대비하면서 이동해야 한다.

머리

일보 후퇴하는 순간 상대선수는 즉시 따라오면서 머리를 공격한다.

스쳐내려

일보 후퇴하면서 상대공격에 대한 주의를 충분히 하였으므로 거의 대등의 선으로 머리를 친다. 이때 머리 공격은 내려오는 상대죽도를 왼쪽으로 약간 스쳐 밀면서 타격한다.

스쳐내려머리

상대죽도가 나의 머리를 조금 벗어나면서 나의 죽도는 정확하게 상대의 머리를 타격한다.

겨룸

약간 거리가 가깝고 긴장된 겨룸상태

일보 후퇴

공격 틈이 없어 일보 후퇴를 한다.

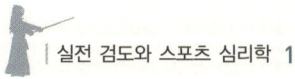

머리공격

상대선수가 즉시 일보전진하면서 머리공격을 시도한다.

스쳐올려

대등의 선으로 공격할 타이밍을 놓쳐 상대죽도를 약간 왼쪽으로 비비듯 스쳐올려 방어를 한다.

스쳐올려퇴격머리

상대선수의 칼이 공격 목표를 벗어나면서 급히 신체가 앞으로 쏠릴 때 스쳐올림과 동시에 퇴격머리를 강하게 타격한다.

존심

머리 타격 후 존심을 강하게 취하면서 급히 뒤로 물러선다.

스포츠 심리 분석

상대선수의 유리한 신장과 체력 그리고 과잉의 자신감을 바탕으로 거칠고 빠른 리듬의 공격을 시도하는 경우 자신도 상승된 불안과 긴장의 경쟁심리가 촉진되어 정면 대결을 한다면 어려운 경기를 수행해야 한다.

상대선수의 각성이 상승되면 주의집중의 폭이 좁아져 전체 경기 상황을 올바르게 판단하지 못하므로 스스로 빈틈을 노출시킨다. 그리고 섬세한 경기에서 주의집중이 골고루 분배되지 못하고 공격에만 편중되면 공방불이의 감각이 떨어져 상대의 역습적인 공격에 절정적인 낭패를 당할 수 있다. 그래서 이런 긴박한 상황에서 무리한 공격이나 방어적인 공격보다는 오히려 냉정한 각성을 유지해야 한다. 상대의 성급한 움직임 속에서 노출되는 빈틈을 섬세하게 포착하여 결정적인 공격을 감행할 수 있다. 그리고 적절한 각성을 유지하면 정체된 경기를 풀어갈 수 있는 전술에 대한 효과적인 판단을 얻을 수 있다.

강병규사범 검도대회 수상 경력

2003년 제3회부산시생활체육 사하구검도연합회장검도대회

중년부 개인전 우승, 단체전 우승, 최우수선수상

2003년 제1회국민생활체육 부산시검도연합회장대회

중년부 개인전 우승, 단체전 우승

2004년 제2회국민생활체육 부산시검도연합회장검도대회

중년부 개인전 우승

2006년 제26회 부산시장종별검도대회 중년부 개인전 우승

2007년 박영헌선생 추모기념

제7회 남해군수영 · 호남사회인검도대회

중년부 개인전 우승

2008년 제7회국민생활체육협의회장

전국시 · 군 · 구대항검도대회 중년부 개인전 우승,

중년부 단체전 3위(부산 사하구 대표)

외 개인전, 단체전 다수입상.

현) 부산시엄궁동농산물도매시장 부산청과(주) 경매부장

대한검도회 공인4단. 조선세법 2단. 해인관 소속

3-5-1 머리

◉ 머리기술은 검도수련의 기본이다

◉ 효과적인 기술 조합이 긍정적 결과를 얻는다

검도에 입문한지 17년, 빠르게 흘러간 세월을 뒤돌아보면 어려서부터 꼭 한 번은 배워야 할 것 같은 사명감처럼 필연으로 시작하였다. 지속적인 교검交劍을 통해 짙은 땀과 희열의 교감 속에서 따뜻한 인간의 정을 나누던 절친한 검우들은 가슴속 깊이 평생검도를 지향하고 있다. 이제 검도는 인생철학을 일깨우고 거친 세상을 지혜롭게 헤쳐 가는 삶의 영원한 동반자가 되었다.

지나온 초기 수련과정을 되새겨보면 그냥 검도가 좋아서 도장에 다녔고, 동문들과 어울려 시합에 출전하였으며, 동호회 모임에 참석하는 정도의 소박함과 단순함을 부정하지 못한다. 그러나 검도수련을 통해 많은 검우들과 진지한 교우를 맺으면서 그들의 논리 속에 검도의 깊은 이해와 이론에 대한 폭넓은 지식을 느낄 수 있었다.

몇 일전 우리 평검회 회원인 임철호 사범이 「유쾌한 스포츠심리학」을 출간하였다. 저자는 검도를 오랫동안 수련하면서 느꼈던 깊은 인식, 합리적인 시합운용, 상대선수와 섬세한 심리전, 검도수련을 하면서 주변에서 일어난 에피소드 등 가슴속 깊이 간직한 견해와 추억을 솔직하고 진지하게 풀어놓았다. 자신은 그냥 우연히 일회적 일상으로 지나치며 무심히 잊었던 체험들을 꼼꼼하게 기록하여 소중한 자료로 남긴 흔적을 보면서 자신을 되새겨 보는 반추反芻의 계기가 되었다. '저렇게 지나온 수련과정을 꼼꼼히 되짚어 보고 그 속에서 자신의 객관적 모습을 올바르게 관망할 수 있으니 강자로 남을 수 있구나' 하는 생각에 절로 숙연한 마음이 들었다. 책을 읽어가면서 그동안 검도수련을 정진하며 막연한 느낌으로 지나친 길道 그리고 아득한 추억으로 잊어버린 자신의 모습을 되찾을 수 있어서 더욱 소중한 가치를 느꼈다.

　　검도에 입문하여 기초를 배우면서 사범과 선임자들이 한결같이 '머리타격이 검도기술의 아름다운 꽃이다. 머리치기만 잘하면 다른 타격기술은 쉽게 익힐 수 있다' 는 지도를 받았다. 동문들과 함께 검도수련 초기부터 머리공격기술에 충실했으며, 특히 선의선으로 나오는 머리타격을 꾸준히 연마하였다. 그리고 지금까지 다양한 경기에서 과감하게 머리기술을 시도하여 수많은 상대선수를 제압하였다.

　　1995년 처음으로 부산시장기 검도경기에 출전했을 때 대회장의 주변 환경은 나를 압도하여 정신적 공항상태로 빠져들게 하였다. 넓은 경기장, 수많은 선수들, 선수들의 우렁찬 기합소리, 분주하게 움직이는 심판들, 단상에 진열된 트로피들, 실내 경기장을 흔들며 울리는 마이크의 안내말 등 모든 것들이 나의 머리를 텅비게 하였다. 어떻게 첫 시합을 시작하였고 패배로 끝났는지 그 과정은 전혀 기억조차 없다. 가슴 두근거리는 초조와 긴장 속에서 단순히 내 경기순서가 되어 나갔고, 경기 시작과 동시에 과잉 흥분과 마음의 혼란을 안고 거리, 타이밍, 기회를 생각할 겨를도 없이 머리공격만 연속적으로 시도하였다. 경직된 신체와 극도로 좁혀진 시야는 그동안 연마한 검도의 숙달된 기술이 아니라 거의 본능적인 동작으로 대응하였다. 부드러운 리듬에서 다양한 기술의 수행과 상대선수의 모든 움직임을 섬세하게 파악하여 빈틈을 날카롭게 공격할 수 있는 넓은 안목이 절대적으로 부족하였다. 강약의 적절한 흐름을 타지 못하고 단순히 체력을 바탕으로 격한 경기를 진행하였다. 격투기 경기하듯 오직 강한 신체의 움직임과 부딪침에서 얼마나 거친 숨을 가쁘게 몰아쉬었던가! 경기 시작 1분도 채 견디지 못하고 심판의 지시에 따라 '꽂아칼' 하며 첫 시합의 2:0 패배를 경험하였던 쓰라림은 아직도 가슴속에 생생히 꿈틀거린다.

그후 여러 해가 흘렀다. 첫 패배의 아픔을 온전히 간직한 채 다른 기술보다는 오직 머리기술을 충실하게 연마하였다. 스포츠에 있어서 가장 훌륭한 재능은 타고난 소질보다는 성실한 노력이라 확신하며 기술과 함께 정신력을 충실히 단련한 결과 기량이 한곳에 정체되지 않고 지속적으로 발전하였다.

1999년 2번째 출전한 부산시회장기검도대회에서 그동안 철저하게 수련하고 연마한 머리기술의 실력을 충분히 발휘할 수 있는 기회가 되었다. 경기마다 다른 타격 부위보다는 강력하고 위협적인 머리기술을 구사하여 머리를 집중적으로 공략하였다. 상대선수의 움직임에 정신을 집중하여 유효거리와 미세한 기회를 포착한 순간 반복적 훈련으로 자동화된 신체는 망설임 없이 과감하게 뛰어들어 일순간에 머리를 타격하였다.

준결승전을 맞이하였다. 상대선수는 내가 평소에 잘 알고 있는 지도자의 소속이었다. 신장이 거의 180cm로 나보다 큰 신장에 체격도 튼튼하여 매우 공격적인 기세를 느꼈다. 주심의 '시작' 신호와 동시에 장신의 신체와 빠른 스피드를 앞세워 과감하게 공격을 시도하였다. 머리공격 후 거세게 부딪치는 몸받음에서 강한 힘이 전달되었다. 그러나 약 1분간의 격한 교전 시간이 지난 후 냉정한 판단으로 2가지의 결론에 도달하였다. 상대선수에게 강한 체력은 있으나 검력의 깊이가 짧아 전체 경기흐름을 파악하는 시각이 넓지 못하므로 심리적 동요를 억제하고 침착하게 대처해야 한다. 그리고 삼살법 三殺法(기세, 기술, 칼)의 검도이론을 현장에 적용하였다. 상대의 왕성한 기세를 누르지 못하면 그의 날카로운 공격과 스피드를 잡기 어려울 것이다. 상대선수의 강한 칼의 부딪침과 짧고 빠른 신체의 움직임에 심리적 침착함을 유지하면서 기세를 꺾을 기회만 기다리고 있었다. 빈틈없는 정중선을 유지하면서 일족 일족을 조여 거리를 좁혀 들어갔다. 긴장된 거리싸움에게 2~3보를 물러난 상대선수는 심리적으로 죄어진 중압감을 견디지 못하고 머리를 치고 급히 몸받음으로 들어왔다. 그의 동작을 예측한 나는 뒤발과 단전에 힘을 주면서 무심코 들어오는 상대선수의 가슴부위를 강하게 밀면서 격한 몸받음으로 되받았다. 의외로 허를 찔린 그는 거의 뒤로 넘어지듯 상체가 뒤로 젖혀진 채 옆으로 밀리면서 장외 반칙을 하였다. 이후 상대선수의 움직임에는 약간의 변화가 생겼다. 거칠고 날카로운 기세가 완만하였고 나를 경계하는 신체는 경직되어 기술을 충분히 펼칠 수가 없었다.

팽팽한 경기는 4분 동안 승패를 가리지 못하고 연장으로 넘어갔다. 이제 먼저 1판을 따는 선수가 승리와 동시에 결승전에 진출하는 행운을 얻는다. 긴박한 경기흐름 속에서 상대선수의 경기운영이 노련하지 못함을 파악한 나는 철저히 역습을 대비하면서 거리를 좁혀갔다. 거의 코너까지 밀려간 상대선수는 나의 강한 몸받음으로 또 1번의 장외반칙을 염려하면서 온 신경을 한곳에 쏟고 있었다. 장외반칙 2번이면 1판, 즉 연장전에서는 1판으로 경기가 마무리 되는 것이다. 나의 빠른 일족의 전진에 상대선수의 몸은 움찔함과 동시에 칼은 정중선을 벗어났다. 나는 빈틈을 파악하는 순간 강렬한 기백을 몸에 담아 머리로 뛰어들었다. '팍~' 강한 울림과 함께 결승전 진출이 확정되었다. 드디어 결승전까지 진출하였다.

결승전에서 대적한 상대선수는 나의 경기를 은밀히 관전하면서 대부분 머리공격을 성공하여 연속적으로 승리하였다는 사실을 간파하고 역습에 대한 전략을 철저히 세웠다. 그리고 그 역시 손목기술을 특기로 경기를 효과적으로 수행하고 있었다. 결승전을 위하여 개시선에 마주 선 상대선수의 겨룸세에 정중선의 흩트러짐이 없었다. 양선수는 주심의 '시작' 신호와 함께 왕성한 기세로 칼끝을 교차하면서 적절한 기회를 포착하기 위하여 민첩하고 짧은 보폭으로 날카로운 이동을 하였다. 양선수의 칼끝이 선혁을 거의 넘어서면서 긴박한 유효거리로 대치되었을 때 나는 상대선수의 손목공격을 예측하고 있었다. 그는 나의 미세한 움직임에 대한 적절한 타이밍을 감지하는 순간 빠르고 짧은 손목공격을 위해 정면으로 뛰어들었다. 이미 대비한 나는 손목공격을 되받는 찰나 강한 손목 힘을 이용하여 후의선 머리를 타격하였다. '따, 딱~' 두 선수의 기술이 너무 동시에 일어났기 때문에 노련한 심판들조차 판단에서 완전한 일치를 이루지 못하였다. 세 명의 심판 중 두 명은 손목, 한 명은 머리를 인정하였다. 결국 주심은 2:1로 상대선수에게 손목의 1판승을 선언했다. 이후 몇 번의 위협적인 머리공격을 시도하였지만 결정적인 1판승으로 이어지지 못하였다. 역전승은 일어나지 않았다. 결국 결승전 경기는 1:0으로 상대선수가 영광의 우승을 안았다.

첫 우승이 좌절되었다. 너무나 아쉬운 판결이었다. 그러나 선수는 심판 판결에 승복하는 것이 검도의 길道이 아닌가. 비록 결승전에서 상대에게 손목을 내주고 준우승의 결과를 얻었지만 전체 경기내용에서 호쾌한 머리타격의 득점은 여전히 만족스러운 대회로 기억에 오래오래 남는다.

검도에서 머리공격은 가장 기본이면서 중요한 기술이다. 평소 상호수련에서 가장 많이 연마하고 있으며, 더불어 방어감각도 매우 뛰어났다. 결국 상대도 동일한 조건이므로 긴박한 경기에서 머리공격의 성공이 그만큼 어렵다는 의미이다.

머리공격에는 다양한 방법이 있으나 선수에 따라서 적절하게 시도한다. 나는 신장이 크기 때문에 머리공격이 상대적으로 유리하면서도 손목과 허리공격의 역습에 가장 취약성을 가진다. 공방일치 攻防一致의 안전한 머리공격을 수행하기 위하여 상대선수의 정중선을 무너뜨린 후 겨눔의 검선에 빈틈이 열렸을 때 즉시 머리공격을 시도한다. 그러므로 상대선수와 긴장되는 겨눔의 상태에서 호흡이 잘 맞는 파트너와 춤을 추듯 집중력을 가지고 거리를 충실히 유지한다. 어느 순간 상대의 집중력이 분산되어 불필요한 동작의 빈틈이 노출되거나 강한 공격적 기세로 깊게 일족 전진할 때 4병四病중의 놀람驚이나 당황惑으로 중단의 검선이 정중선을 벗어나는 순간에 온 몸을 던지듯 강한 머리공격을 시도한다. 특히 성급하게 서두르지 않고 인내심을 가지고 절박한 긴장감을 통제한 후 기회를 포착하는 즉시 예리하게 머리공격을 수행한다. 이러한 방법은 머리공격에 성공률을 높일 뿐 아니라 취약한 손목과 허리의 역습을 예방할 수 있다.

초조하고 불안한 검도경기를 수행하면서 각성이 고조되면 심신이 경직되어 유연한 동작과 판단이 어렵다. 그래서 항상 경기를 수행하면서 적당한 각성을 유지하면 순발력있는 동작과 정확한 판단을 얻어 효과적인 전술을 구사할 수 있다.

민감한 시합을 수행하는 과정에서 미리 머릿속으로 어떠한 기술을 구사해야겠다고 의식을 한곳에 고착화시키는 경우 오히려 몸이 경직되어 역동적 상황에 적응하는 신체의 유연성을 상실한다. 그리고 상대에게 나의 의중을 간파 당하여 결정적인 실패를 경험하는 경우가 많다. 모름지기 시합의 운용은 평상시 훈련을 통해서 충분한 체력과 감각을 익히고 시합에서는 자동화된 감각에 의존해 순간적인 상황에 맞추어 최선을 다하는 것이 가장 훌륭한 경기 방법이다.

겨룸

강한 공격기세로 상대선수를 심리적으로 압박한다.

후퇴

상대선수가 심리적 중압감으로 일보 후퇴하면

전진

상대선수가 일보 후퇴를 하는 즉시 빠르고 짧게 전진하여 심리적 동요를 유발한다.

4병
상대선수의 후퇴에 빠르고 공격적인 전진은 상대에게 4병 반응을 촉진시켜 공격의 틈이 포착된다.

즉시 공격
상대선수의 중심이 흩트려지는 즉시 과감하게 머리로 뛰어든다.

머리

머리공격은 손목의 콕크와 허리힘의 협응력을 최대화시켜 강하게 타격
한다.

스포츠 심리 분석

　경기를 맞이하여 부정적인 스포츠심리(불안, 긴장, 초조, 부정적인
예측 등)는 교감신경을 강하게 자극하여 신체적 행동적 불안한 증상
을 유발하고 각성을 고조시킨다. 이러한 증상은 섬세한 검도경기에
서는 긍정적인 영향보다는 매우 부정적인 영향을 미쳐 경기력을 저
하시켜 최고 실력을 발휘하는데 방해가 된다. 각성이 상승되면 선수
는 주의집중의 폭이 좁아져 마음을 한곳에 뺏기게 된다. 그리고 우선
상대선수의 경기운영과 전체 경기흐름을 올바르게 파악하는데 상당
한 어려움이 있다. 역동적으로 수행되는 경기에서 의식의 폭이 좁아
지고 사고력이 경직되어 다양하고 유연한 경기운영의 판단을 갖지
못한다. 그러나 경기에서 각성이 적절하면 순간적인 시합 전술의 암

시를 얻을 수 있는 여유를 갖는다.

경기를 수행하면서 왕성한 기백을 지속적으로 실행하는 것보다는 적절한 상황 속에서 이용한다면 상대선수에게 심리적인 압박감과 위기감을 고조시켜 경기 심리를 위축시키고 충실한 기술이 일어나지 못하게 한다. 그리고 주의집중의 폭을 좁게 만들어 유연한 판단을 방해할 수 있다.

사병과 삼살법의 검도이론은 실전에서 효과적으로 적용시키면 상대선수의 기량을 저하시키고 자신의 실력을 극대화시키는데 훌륭한 전술이 될 수 있다.

3-5-2 손목머리

◉ 기술을 상황적으로 활용하라

◉ 공격은 상대의 마음을 동요시킨 후 수행하라

그동안 다양한 대회에 참가하여 패배의 절박한 위기를 극복하고 때로는 역전의 우승을 성취한 결과에는 과감한 머리타격의 기술이 그 중심에 있었다. 그러나 대회에 따라서 결승전을 수행하기까지 7~8경기를 온전히 소화할 수 있는 왕성한 체력이 절실히 요구되는 경우가 많다. 특히 내가 주특기로 수행하는 머리치기는 끊임없는 에너지와 강한 기세에서 최대 경기력을 발휘할 수 있다. 격렬하고 거친 경기를 수행하면서 체력이 저하되면 스피드와 순발력이 떨어져 머리공격을 날카롭게 수행할 수 없다. 그리고 상대선수에게 먼저 머리공격이 예측되어 손목과 허리의 빈틈이 많이 노출되어 역습의 기회를 제공한다. 선의선 손목을 내주거나, 때때로 허리공격도 허용하면서 몹시 아쉬운 패배에 자학적 경기반성을 하는 경우가 종종 있었다.

현장에서 철저한 실전경험을 통해 주공격 기술인 머리치기의 한계점을 파악하였다. 이러한 문제점을 극복하고 경기력을 더욱 향상시키기 위하여 손목머리기술을 연구하면서 엄격히 연마하였다. 이후 여러 대회에 출전하여 머리타격과 함께 손목머리기술이 상황적으로 적절하게 조화를 이루어 수행되었을 때 더욱 효과적인 경기결과를 얻을 수 있었다.

손목머리기술은 연속동작으로 타격하는 동작이라 진검의 맛을 느끼기에 조금 약하다고 생각하는 검우들도 있다. 그러나 실전에서 검정된 나의 현장경험을 통해 판단할 때 손목머리는 삼살법에 있어 상대의 기를 죽이고, 칼을 죽이는 완성된 동작으로 실전 경기에서 아주 유용한 기술로 활용할 수 있다. 경기에서 손목머리기술은 단순히 실행하는 습관적인 연속동작이 아니다. 손목을 타격하면서 상대선수의 칼을 누르거나 쳐내어 철저한 중단세를 무너뜨리고 빈틈을 만든 후 정면머리를 향해 공격하는 기술로 효율적인 경기와 함께 아주 고급 기술의 하나라고 생각한다.

2007년 7월 남해에서 개최된 박영헌선생 추모기념 남해군수영 · 호남사회인검도대회에 참가하였다.

몇 달 전부터 대회에 출전하기 위하여 충분한 체력단련과 기술연습을 수행하면서 철저히 준비를 하였다. 그리고 '우승'이라는 뚜렷한 목표를 설정하고 정신무장도 갖추었다.

경기를 진행하면서 여느 때 시합처럼 경쟁심리(불안, 긴장, 초조, 망설임 등)와 경직된 신체의 부정적인 생리 상태가 아니라 왕성한 체력과 넘치는 자신감으로 충만하였다. 오히려 소극적이고 진지하게 빈틈을 기다리는 경기수행이 지루하였고 신중하지 못한 공격적인 기세를 통제하는 것이 매우 힘들었다. 경기 횟수가 올라갈수록 상대선수들은 풍부한 경기 경력과 뛰어난 기량을 발휘하기 때문에 섣불리 공격하면 대등의선이나 후의선으로 큰 낭패를 볼 수 있다. 먼저 공격하고픈 과잉의 자신감과 신중함의 심리적 갈등 속에서 어떻게 전술을 효과적으로 실행해야 할지 고민하였다.

그러나 약간 과잉된 자신감과 충만한 기백은 경기수행에 미치는 불리한 영향에 비교하면 유리한 요인으로 작용하였다. 16강전까지는 신장이 나보다 작은 선수들과 경기를 진행하면서 경기 시작과 동시에 머리, 손목, 손목머리, 머리받아 허리 등 다양한 기술을 공격적으로 구사하여 경기를 주도적으로 이끌었다.

8강전을 맞이하여 포항에서 출전한 선수를 만났다. 그의 신체조건이 나와 비슷하게 장신이었으나 힘은 더 좋은 것처럼 느껴졌다. 그의 외적인 신체조건과 성향을 분석하면서 경기를 어떻게 풀어갈 것인가에 대한 전략을 세웠다. 8강전 경기에서는 손목머리기술을 구사하여 경기를 마무리하자!

상대선수는 강한 체력과 힘을 바탕으로 거친 공격을 시도하면서 신체의 움직임이 다양하였다. 그러나 공방불이의 냉정한 겨눔을 유지하면서 적절한 방어와 동시에 상대의 죽도를 치거나, 헤치고 들어가 정중선의 중단을 무너뜨리고 마음의 동요를 일으켰다. 심리적 중압감에 견디지 못해 일족 뒤로 물러나는 순간 과감하게 손목공격으로 그의 칼 중혁을 눌렀다. 상대선수의 상체가 뒤로 쏠리면서 집중력이 손목으로 뺏겨있을 때 허리힘과 함께 강한 손목의 콕크를 이용하여 머리를 타격하였다. '팍' 경쾌한 소리와 함께 8강전은 손목머리로 마무리지었다. 이후 연속으로 경기를 수행하면서 우승컵을 가슴에 안기까지 머리와 손목머리의 기술이 주도적인 역할을 하였다.

손목머리 연타에서 손목을 정확하게 타격하여 유효타격이 되었다면 즉시 존심을 취하는 것이 기본이며 실패했을 경우 머리를 공격해야 한다. 그러나 다양한 검도경기를 수행하면서 몸에 익혀진 나의 손목머리 연타 기술은 다음과 같이 상황적으로 실행한다.

양선수의 선혁이 겹치는 긴장되는 거리에서 상대선수가 앞으로 혹 뒤로 일족을 이동하는 순간 손목을 공격하는 동작에서 상대선수의 철저한 겨눔을 죽도로 좌우를 치거나 눌리거나 감는다. 손목공격에서 마음의 집중을 다른 쪽으로 쏠리게 한 후 중단에 틈이 생겼을 때 과감하게 머리를 타격하는 기술이다.

그동안 전국의 수많은 대회에 참가하여 열정적으로 경기수행을 다양한 경험과 수상경력을 쌓았다. 그러나 절박하고 냉정한 경기현장에서 실천적 경험을 체득한 지금 효율적이고 결과 중심으로 판단한다면 호쾌한 머리공격에 의한 득점이 검도의 정수이지만 머리치기 큰 기술만으로 다양한 상대를 제압하기가 어렵다는 것을 깨닫게 되었다. 오히려 머리타격의 성공률은 상황에 따라서 다양한 기술과 적절히 조화를 이루었을 때 더욱 높아질 것이다.

전 일본 선수권대회의 미야자끼마사히로 8단 선생의 죽도운용을 엄밀히 분석해 보면 철저한 공방일치는 물론 상대에게 손목머리의 연타 기술을 훌륭하게 실행한다. 그는 머리공격을 수행하기 전에 손목공격에서 죽도를 누르거나 치고 들어가 상대의 중심을 완전히 무너뜨린 후 순간적으로 머리를 공격한다. 상대선수가 먼 거리를 유지하거나 또는 머리공격을 기다려 손목이나 허리공격의 역습을 대비할 때 미세한 틈을 포착하여 상대에게 몸을 버리고 과감히 뛰어드는 머리타격도 나무랄 곳이 없다. 그러나 손목공격으로 상대의 주의집중을 분산시켜 틈을 만든 후 머리공격은 민감한 실전에서 보다 안정적이고 효과적인 기술이다. 그리고 상대선수가 선의선으로 나오는 나의 머리타격을 손목이나 허리의 역습으로 공격할 것이라는 두려움이나 망설임 등 부정적인 예측을 극복할 수 있는 장점이 있다.

이번 남해군수영호남사회인검도대회에서 손목머리기술이 주축되어 우승할 수 있는 원동력이 되었다. 그러나 손목머리 기술을 날카롭게 구사할 수 있는 방법은 경기중 순간적인 타이밍도 중요하지만 평소 검도수련에서 체력 단련과 기술연습이 성패의 관건일 것이다.

겨룸
상대선수의 움직임을 포착하며 공격거리로 접근할 수 있는 기회를 주시

전진

상대선수가 움직이려는 순간 심리적으로 압박하면서 짧게 1보 전진한다.

손목

강한 공격 기세로 전진하는 순간 상대가 당황하면 왕성한 동작으로 손목
공격을 수행한다.

손목

손목공격을 강하게 시도하여 상대선수의 중심이 충분히 무너지게 한다.

머리

상대선수의 모든 집중이 손목 방어에 있는 순간 과감한 머리 공격으로 연타한다.

존심

머리타격 후 왕성한 기세로 존심을 유지하여 심판으로부터 확실한 판정을
이끌어낸다.

스포츠 심리 분석

스포츠를 수행할 때 가장 중요한 경쟁심리 중 하나가 '주의
attention'라 할 수 있다. 주의는 과제에 정신적인 노력을 기울이는 것
이다. 그러므로 주의의 다른 의미는 '집중concentration'이다. 여러 사
건이 어떤 상황에서 동시에 발생하는 경우 자신이 가지는 주의집중
의 용량을 적절히 분산시켜 2가지 이상의 대상을 효율적으로 해결하
는 것을 주의 배분divided attention이라 한다. 경기에서 상대선수로부
터 갑작스러운 자극이 주어졌을 경우 공방불이의 철저한 주의 배분
이 잘 이루어지지 못한다. 특히 기량이 부족한 선수일수록 주의가 한
곳으로 집중되기 때문에 다른 쪽의 빈틈을 노출시켜 패배를 당하는
경우가 많다.

손목머리의 기술을 수행하기 위하여 적절한 타이밍에 손목을 공격하면서 상대의 칼을 치거나 누려면 상대선수의 주의가 손목이나 칼끝에 집중되기 때문에 머리의 빈틈이 쉽게 열린다. 한 치의 오차를 허용하지 않는 검도경기에서 순간적인 변화에 주의를 배분하는 능력과 지속성의 한계는 꾸준한 연마를 통하여 극복할 수 있다. 그리고 한편으로 상대의 마음을 뺏으려는 기술을 부지런히 연마하면서 다른 한편 자극에 대해 한곳으로 집중이 쏠리지 않도록 마음을 충실히 단련해야 우수선수가 될 수 있다.

3-06 정필문 사범 師範

정필문사범 검도대회 수상 경력

1998. 3월 입문 12년 수련–

2004. 생활체육부산시연합회장기 검도대회; 개인 준우승

현) 뉴본마린(주) 대표이사(62세)

대한검도회 공인 4단. 정심관 소속

3-6-1 허리

◉ 강한 기세로 상대의 공격을 유도하라

◉ 허리 타격 후 왼손에 힘을 뺀다

드디어 시합 날!

하늘은 푸르고 흰 구름은 말없이 유유히 흘러가고 있었다.

검도 입문 후 첫 검도대회를 맞이하는 가슴은 긴장으로 빠른 심장 박동이 크게 두근거렸다. 아침 일찍 대회가 개최되는 부산구덕실내 체육관에 도착하였다. 곧 시작되는 경기를 대비하여 열심히 연습하는 선수들의 큰 기합소리가 실내체육관을 진동시켰다. 철저한 대회 준비를 위해 관계 임원 및 심판들이 분주하게 움직였고, 응원 나온 가족들의 애틋한 시선과 많은 관중들의 진지하고 관심어린 모습에서 경기장의 열기가 더욱 강하게 전달되었다. 눈앞에 펼쳐진 이색적이고 경쟁적인 실내 분위기는 나의 마음을 극도로 흥분시켜 정신이 아득하였다.

비록 쉰 가까운 나이에 검도의 길로 입문하였지만 수련에 있어서 누구보다 가르침을 열심히 배우고 연마하면서 꾸준히 정진하였다. 배움의 길은 몸과 마음을 낮추어 절대적인 겸손이 바탕이 되었을 때 자신의 아집我執에 머물지 아니하고 더욱 진보할 수 있는 것이다.

평소 검도를 함께 수련하면서 경기현장에서 실전 경험이 풍부한 사범은 절박하고 혼란스러운 시합에서 무엇보다도 정신집중의 중요함을 엄격히 강조하였다. '경기 4분 동안 내내 눈도 깜빡거리지 말라, 깜빡거리면 패배한다' 는 냉정한 가르침을 가슴속 깊이 다짐하면서 1회전부터 철저히 주의집중하여 경기를 수행하였다. 검력과 경기경험이 풍부한 상대선수들보다는 기량은 다소 부족하였지만 지극한 정신력은 모든 것을 극복할 정도로 경기력을 극대화시켰다. 긴박한 경기에서 강한 집중력은 거의 몰아적인 경지였으며 위협적이고 공격적 경기수행을 이끌었다. 검도에 대한 열정과 정신력의 심리기술을 바탕으로 최고 실력을 발휘하였다.

드디어 결승전에 오르게 되었다. 감동스럽고 가슴 벅찬 순간이었다.

결승전에서 대적하는 상대선수는 큰 키에 날렵한 체격과 날카로운 인상을 갖추었다. 나이는 나보다 훨씬 어렸지만 기력은 왕성하여 몸의 움직임이 매우 민첩하였다. 실천적 경기에서 기선의 제압은 무엇보다도 중요한 출발점이다. 검도 이론에 상대선수의 칼劍을 죽이고, 기술技術을 죽이고, 기氣를 죽이는 '삼살법' 이 있다. 이것은 상대선수의 날카로운 공격이 감히 일어나지 못하도록 심리적으로 압박하여 경기력을 저하시키고 나의 실력을 최대로 수행할 수 있는 성공적인 전략이다. 그러므로 나 역시 상대선수의 공격 기세를 저하시키기 위하여 충만한 기백을 유지하면서 매서운 선先의 기세로 상대선수의 심리를 억압하였다.

양선수의 예민한 감각이 칼끝의 짧고 강한 부딪침에서 맹렬히 스치고 있었다. 상대는 나의 우렁찬 기합 소리에 반사적으로 더욱 강한 기세로 반응하였다. 상대의 목을 겨냥하면서 정중선의 날카로운 죽도 끝의 겨룸은 기회가 오면 언제든지 즉시 뛰어들 준비를 갖추었다.

빠르고 공격적인 발의 이동은 적절한 거리포착을 어렵게 만들어 상대선수의 심리를 불안스럽게 흔들었다. 죽도를 잡은 왼손의 새끼손가락과 약지를 조여가면서 상대의 칼 아래로 목을 찌르듯 유효거리로 서서히 좁혀 들어갔다. 여러 번 의도된 머리공격을 유인하였으나 신중한 상대선수는 좀처럼 과감한 공격을 자제하고 있었다.

나의 공격적인 거리 이동에 중혁이 서로 맞부딪치는 순간 상대선수는 즉시 손목공격을 시도하였다. 절대적인 1판의 득점보다는 방어적인 공격으로 긴장되고 초조한 위압감을 떨쳐내고 있었다. 결승전의 비중을 반영하듯 양 선수 모두 일도양단一刀兩斷과 같은 큰 기술을 감히 감행하지 못하고 있었다. 치열하고 안타까운 심리는 두 선수의 신체 감각을 더욱 예민하게 자극하였다. 무거운 침묵 속에 긴장된 분위기가 경기장에 감돌았다. 선수만큼 주변의 관중들도 상대의 겨룸을 헤치고 뛰어드는 긴박한 순간을 가슴조이며 지켜보고 있었다.

나는 상대죽도의 선혁을 지나 격자부위에 깊이 교차할 정도로 거리를 좁혀가면서 상대의 심리가 동요하는 절호의 기회를 탐색하였다. 호쾌한 머리타격을 겨냥하여 끈질긴 집중력으로 상대의 중심을 헤치면서 점점 조여들어갔다. 빈틈을 포착하는 순간 망설임 없이 즉시 머리공격으로 뛰어들 것이다. 나의 빠른 일보 전진에 상대선수는 우측으로 이동하였다. 간발의 차이를 두지 않고 공격 기세로 다시 짧게 일보 전진하였을 때 심리적 혼란을 일으키며 당황한 그는 다시 뒤로 물러나면서 안정된 자세와 심리의 중심이 급격히 무너졌다. 순간 머리로 뛰어드는 절호의 기회를 포착하였다. 일보 전진하여 머리공격을 하려는 찰라 심리적 중압감에 견디지 못한 상대선수는 신중한 판단력을 상실한 채 성급하게 나의 머리공격을 감행하였다. 그러나 그의 죽도는 허공을 가르고 말았다. 일순간의 망설임도 없이 오른발을 우측 옆으로 빼면서 머리공격을 피하는 동시에 허리를 정확하게 베었다. '퍽~' 단단한 갑에 부딪치는 죽도의 소리는 더욱 크게 울려 퍼졌다. 3명의 심판 모두 청기를 일시에 들면서 통쾌한 허리 1판을 인정하였다. 너무나 감격스러운 기쁨에 모든 것을 다 얻은 것처럼 흥분하였다.

멋진 허리공격의 순간적인 감동에 마음을 빼앗겨 냉정한 집중력을 놓쳐버렸다. 아직 4분 경기에서 거의 2분이 남았다. 검도의 1판 득점은 겨우 1초도 걸리지 않는다. 역전패할 가능성이 충분이 있는 것이다. 그러나 나의 정신력은 흥분과 높은 각성으로 흩어지고 있었다.

나는 남은 경기 시간동안 1판의 선취점을 유리하게 활용할 신중함의 정신적 여유도 없었다. 통쾌한 2:0의 점수로 완전한 승리를 굳힌다는 과잉의 자신감으로 상대선수를 대적하였다. 냉정한 정신력이 무너진 나의 무딘 칼은 더 이상 득점을 할 수 없었다. 오히려 상대선수에게 2판을 연속적으로 내주면서 역전패를 당하였다. 아쉬운 준우승에 머물고 말았다. '우승자는 모두 기억해 주지만 준우승은 누구도 기억해 주지 않는다' 는 어느 사범님의 말씀이 환청처럼 들리고 있었다.

머리빼어 허리치기는 상대선수가 머리를 치는 동시에 대등의선으로 허리치는 기술을 걸어야 한다. 그러므로 상대가 머리를 치기 위하여 몸을 일으키는 순간 선의선先 기세로 상대의 왼쪽허리로 뛰어 들어가듯 허리를 베어야 능숙한 동작으로 성공할 수 있고 안전성도 높다.

무엇보다도 머리빼어 허리치는기술을 성공적으로 수행하기 위하여 강한 공격기세를 상대에게 전달하여 심리적으로 압박감을 조성해야 한다. 냉정하게 판단을 할 수 없도록 심리적인 안정 상태를 무너뜨려야 한다. 그리고 상대선수가 유효거리가 되었을 때 공방일치攻防一致에 의한 방어적인 생각을 할 여유도 없이 성급하게 온 몸을 던져 머리를 치도록 유도하는 것이 가장 중요하다. 머리공격을 허공으로 흘린 후 동시에 허리를 강하게 타격한 후 칼을 빼는 순간에 손에 힘을 빼고 상대 왼쪽 허리를 스치듯 '쑥~' 빠져 나가야 한다. 이때 허리 타격 후 여전히 죽도를 잡은 손에 힘을 강하게 주고 있으면 상대 허리에서 칼을 빼는 동작이 매우 어색하고 동작이 자연스럽지 못하다. 경기에서 어려운 허리베기를 잘하고도 마무리 동작이 미숙하여 1판의 득점으로 연결되지 못하는 경우가 의외로 많이 발생한다.

만약 후의선으로 머리를 공격하는 상대의 칼을 기다려 머리를 피한 후 허리를 타격하면 허리를 베는 거리가 너무 근접하고 타격 후 칼을 빼는 시간이 촉박하여 어색한 동작이 일어난다. 그리고 머리 피하는 타이밍을 제대로 맞추지 못하면 상대에게 먼저 머리를 내 줄 수 있는 잠재적인 위험에 노출된다. 그러므로 머리빼어 허리치기는 대등의 선 혹 선의선 기세로 공격하여야 안전하고 성공의 확률이 높아진다.

> key point _ 충분한 연습, 강한 공격 기세, 머리공격 유도, 허리 타격 후 손에 힘을 뺀다.

겨룸

철저하고 긴장된 중단의 자세로 상대선수의 마음을 흔든다.

이동

상대선수가 우측으로 이동하는 동시에 빠르게 1보 전진하여 거리를 좁혀 간다.

후퇴

상대선수가 다시 1보 후퇴하면 심리적으로 압박을 하면서 즉시 조여 들어간다.

머리공격

상대선수는 접근하는 나의 이동에 급히 머리공격을 시도한다.

허리

상대의 머리공격과 동시에 오른발을 옆으로 빼면서 허리공격을 수행한다.

존심

강하게 허리를 벤 후 빠져나가면서 충분한 거리를 확보한다. 상대선수로부터 역습에 안전한 거리를 유지하는 동시에 심판에게 긍정적인 판결을 유도할 수 있다. 그리고 허리를 벤 후 자연스럽게 칼을 빼기 위하여 손에 힘을 풀어야 하며 존심까지 상대선수를 계속 주시해야 한다.

스포츠 심리 분석

동기 motivation 는 '자극하다'. '움직이다' 의 뜻을 담고 있다. 그러나 동기는 다양한 의미로 설명되고 있지만 어떤 행동을 추구하려는 강한 자극이나 성격 특성의 뜻으로 사용한다. 동기의 정도가 강하면 더 강한 노력을 할 수 있다는 의미이다. 사게 Sage(1977)는 '동기를 노력의 방향과 강도'로 정의하였다. 그러므로 동기가 강하면 행동의 목표가 명확하고 지속적이고 강한 노력을 수행한다는 의미이다. 강한 동기는 스스로 검도수행을 성실히 연마할 수 있는 강한 에너지이다. 비록 늦은 나이에 입문하였지만 검도에 대한 동기가 충만하면 잃어버린 세월을 극복할 수 있는 가장 훌륭한 심리기술이 될 수 있다.

초보자는 움직임에서 스스로 빈틈을 노출시키지만 어느 정도 숙달된 선수들은 안정된 상태에서는 거의 빈틈을 노출시키지 않는다. 그리고 왕성한 기세의 공격적인 움직임으로 상대의 마음을 흔들어 중심을 무너뜨린 후 헛점을 만들어야 한다. 상대죽도를 누르거나, 감거나, 치면서, 그리고 '전, 후, 좌, 우'로 움직이면서 '멀리, 가까이, 느리게, 빠르게'의 유연한 리듬을 다양하게 타면서 상대의 주의집중을 분산시켜 빈틈을 노린다.

긴박한 검도경기의 흐름 속에 상대선수의 미세한 틈을 포착하기 위하여 공격거리를 점점 조여간다면 그의 마음은 급격히 흔들리면서 부정적인 심리(걱정, 긴장, 초조, 당황 등)와 두려움마저 느낀다. 이런 불안한 경쟁심리 정서는 상대의 움직임을 정확하게 판단하고 의도를 올바르게 예측하여 효과적인 반응을 수행하는 것이 거의 불가능하다. 그러므로 선수는 자신의 경쟁심리가 불안하고 동요하는 마음을 적절히 통제하지 못하면 잠재적인 기량을 충분히 발휘할 수가 없다.

검도이론인 삼살법 三殺法(기, 기술, 칼)의 기술을 실전에서 충분히 활용하기 위하여 상대선수의 마음을 혼란스럽게 유도하여 불안한 경쟁심리를 촉진시켜야 한다. 결국 그의 기량을 억제하는 동시에 나의 경기력을 최대로 극대화시키는 것이다.

감천검도관 관장 시절
대도 7본 후도의 모습

이재유사범 검도대회 수상 경력

2001년 사하구 생체검도대회 개인전 3위, 단체전 3위

2002년 사하구 생체검도대회 개인전 우승, 단체전 3위

2003년 사하구 생체검도대회 개인전 준우승, 단체전 3위

2003년 제1회 문화부장관기 생체전국검도대회 단체전 준우승

2006년 생체전국시군구검도대회 단체전 3위

2008년 생체전국시군구검도대회 개인전 3위, 단체전 3위

2008년 부산생체회장기검도대회 개인전 우승

2009년 부산시종별검도대회 개인전 3위

2010년 부산회장기검도대회 개인전 3위

현) 이혈 관리사

　　대한검도회 공인 4단. 조선세법 2단. 연제 검도관 소속

3-7-1 퇴격허리

◉ 예측력은 빠른 동작을 유도한다.

◉ 주의분산은 경기력을 저하시킨다.

2008년 6월 부산국민생활체육 검도대회에 출전하였다.

지금까지 검도를 수련하면서 다양한 검도대회에 지속적으로 출전하였지만 현장에 도착하면 언제나 불안하고 긴장되는 부정적 경쟁심리를 좀처럼 떨쳐버릴 수가 없었다. 안정되고 평온한 마음으로 최선의 시합을 수행하기 위하여 우선 관중석에서 대진표를 확인하여 경기코트와 시간을 체크한다. 그리고 비중있는 선수들의 경기진행의 순서를 점검하면서 전체 경기흐름을 예측하여 전반적인 경기전략을 세운다. 시합 시간이 점점 가까이 다가올수록 불안한 경쟁심리가 강하게 느껴지므로 친분이 있는 선수들을 찾아다니며 지난 이야기를 나누면서 시합의 긴장감을 떨쳐버리고 마음의 안정을 찾도록 노력한다.

시합 출전 시간이 다가왔다. 도복과 호구를 착용하면서 자신에게 다시 한 번 마음의 무장을 갖추었다. 침착하고 당당한 평상심 平常心 으로 1판 승부를 실천하리라 굳게 다짐하였다. 그리고 시합장으로 향했다.

첫 경기를 맞이하여 차분한 마음을 유지하면서 서두르지 않았다. 나의 전진에 상대가 물러나는 순간 강약의 리듬있는 손목머리로 호쾌한 1판을 선취하고 여유롭게 존심 存心 을 취하였다. 2번째, 3번째 경기 역시 1판으로 상대선수를 물리치고 8강이 겨누는 시합을 맞이하였다. 8강에서 대적한 상대선수는 탄탄한 체격을 갖춘 단신으로 동작이 매우 민첩하였다. 그는 전 경기를 주특기인 손목치기와 퇴격머리로 상대선수를 물리치고 계속 승리를 얻었다.

나는 중단에서 상대에게 손목공격의 빈틈을 허용하지 않기 위하여 죽도를 약간 낮추고 칼끝의 방향을 그의 왼쪽 눈으로 겨냥하면서 철저히 손목 견제의 자세를 취하였다. 양 선수 사이에 짧고 빠른 발의 이동과 날카로운 칼의 교차 속에서 초조하고 긴장된 시간이 흘렀다. 상대선수가 긴장되는 심리적 중압감을 견디지 못해 먼저 손목을 치기 위해 무리한 동작으로 공격을 시도하였다. 과도한 무게가 실린 상체는 앞으로 많이 기울어지면서 한 동작 속에 공격과 방어가 동시에 내재하는 공방불이攻防不二의 기본에 벗어나 안정된 중심선이 무너지고 있었다. 그의 손목공격이 실패로 끝나고 신체의 균형이 흐트러지는 순간 그 틈을 놓치지 않고 과감하게 머리로 뛰어들어 '퍽' 하는 소리와 함께 1판을 먼저 얻었다.

다시 2판째 경기가 선언되었다. 먼저 선취한 1판승의 결과에 과잉의 자신감이 생기면서 오히려 더욱 긴장되고 안정된 경쟁심리가 분산되고 집중력이 흩어졌다. 강한 정신력이 결핍된 검선은 정확한 득점이 될 수 있는 날카로운 공격력을 상실한 채 무의미한 공방만 계속하였다. 경기 종료시간을 얼마 남지 않고 상대선수가 칼끝의 자세를 낮추면서 아래에서 위로 짧고 강하게 베어치듯 빠르게 손목을 치고 들어왔다. 순간 칼을 들면서 상대선수의 머리치기를 시도하였으나 무뎌진 정신력에 순발력이 떨어져 칼을 올리기도 전에 손목 1판을 내어주고 말았다. 경기 점수는 1:1이 되었다. 긴박한 상황이었다. 누가 먼저 1판을 더 얻게 되면 경기가 종료되면서 최후 승리자가 결정되는 것이다. '승부'라는 주심의 경기진행 신호가 있고 얼마 후 정해진 경기 4분 시간이 다 지나갔다.

연정전이 시작되었다. 불안한 심리를 억제하면서 흩어진 집중력을 되찾는데 정신을 모았다. 먼저 1점을 득점하면 경기는 종료되면서 최후의 승자가 결정된다. 몇 번의 과감한 공격과 날카로운 반격이 이루어졌지만 승리에 대한 마음이 조급하여 기검체 氣劍體 일체의 엄격한 1판 칼이 되지 못하였다. 상호 긴박한 칼의 교차가 이루어지고 있었다. 손목을 공격하고 몸받음을 수행하는 순간 머리에 스쳐가는 생각이 떠올랐다. 상대선수는 몇 번의 몸받음 뒤에 퇴격머리공격을 수행한다는 것이다. 그러므로 상대선수가 퇴격머리를 치려는 순간 간만의 기회를 포착하여 먼저 퇴격허리로 승부를 걸면 승산이 있다고 판단했다. 두 번의 공격에 이어 몸받음의 코등이 싸움에서 상대선수가 밀면서 퇴격머리를 치기 위해 손을 올리는 순간에 허리에 작은 빈틈이 생겼다. 이미 예측된 상황이므로 추호 秋毫의 망설임 없이 즉시 선의선 퇴격허리기술로 상대선수 허리를 감은 단단한 갑을 강하게 타격하였다. 그리고 좌측 측면을 향해 빠른 뒷걸음으로 퇴보하면서 침착하게 존심을 취하였다. 상대선수도 퇴격머리로 응수를 시도했으나 이미 유효격자 擊刺 거리를 벗어났기 때문에 그의 칼은 허공을 가르고 말았다. 3명 심판 전원 일치로 승자의 1판을 확정지었다.

승자의 경기는 시합이 끝나는 순간까지 주의집중하여 몸과 마음에 빈틈이 없어야 할 것이다. 경기를 마친 후 땀에 흠뻑 젖은 호면을 벗으면서 다음 시합의 선전 善戰을 위하여 마음을 냉정하게 가다듬었다. 절박한 8강전을 마친 후 머리치기로 쉽게 1판을 선취 후 흐트러진 정신력이 마음의 틈을 노출시켜 위기를 맞이했다고 스스로 반성하면서 다시 강한 집중력을 추스르는 계기로 삼았다. 8강전에서 맞이한 절대위기가 정신을 재무장하는 전화위복의 전환점으로 강하게 작용하였다. 이러한 집중력은 결승에서 우승하기까지 추호도 흔들림 없이 최고 경기력을 발휘하는 경쟁심리기술의 강한 무기가 되었다.

key point _ 강한 집중력, 예측력, 적절한 각성, 위기 극복 능력

몸받음
긴장되는 상태를 유도하여 상대의 마음을 동요시키고 냉정한 판단력을 흐리게 한다.

머리빈틈

칼을 오른쪽으로 기울면서 머리 방어를 의도적으로 풀면 상대선수는 공격 기회로 착각한다.

퇴격머리

상대선수가 퇴격머리를 치기 위하여 손을 드는 순간 퇴격허리를 공격한다.

퇴격허리

퇴격허리의 타격은 짧은 순간에 강한 기세로 타격해야 한다.

존심

퇴격허리 타격 후 칼끝에 기세를 충만하게 싣고 빠르게 뒤로 빠진다.

스포츠 심리 분석

　운동수행에서 선수들이 간절히 바라는 자신감, 경기 의욕, 승부욕 등 너무 강하면 교감신경을 자극하여 각성을 상승시킨다. 선수에게 과잉 각성은 경기흐름을 판단하는 주의집중을 좁게 만들고 마음을 한쪽으로 쏠리게 만들어 심신을 경직시킨다. 이러한 경쟁심리는 순간을 포착하는 역동적인 검도경기에서 운동감각과 판단력이 둔화되어 자신의 기량을 충분히 발휘하지 못한다. 우수선수는 다양한 스포츠심리기술 중에서 집중력을 매우 중요시 한다. 경기가 종료되는 순간까지 집중력을 강하게 유지한다.

　한편 부정적인 경기심리가 발생하면 즉시 인지재구성, 생각중지, 감정전환, 심상 등 적절한 심리기술을 활용하여 안정적인 각성을 유지해야 한다. 그러나 가장 중요한 것은 이러한 주의분산이 발생하지 않도록 강한 집중력을 지속적으로 유지하는 것이다.

3-08 이찬우 사범 師範

이찬우사범 검도대회 수상 경력

1999년 사회체육센터 장년부 개인전 우승

2005년 제25회 부산시장기종별검도대회 중년부 개인전 우승

　　　제4회 국민생활체육 시.군.구 대항 검도대회

　　　중년부 개인전 준우승

　　　제12회 부산시회장기도장대항 검도대회

　　　중년부 개인전 우승

2006년 국민생활체육 시.군구대항검도대회

　　　중년부 단체전 우승(2연패)

2007년 제20회 한국사회인검도대회 중년부 단체전 우승,

　　　개인 8강

2009년 제 29회 부산시장기종별검도대회 중년부 개인전 우승

현) 푸르덴셜생명보험주식회사 비전지점

　　Senior Consulting Life Planner(r)

　　대한검도회 공인 4단. 부산여명관 소속

3-8-1 머리

◉ 강한 목표의식은 경기력을 극대화 시킨다

◉ 자신감은 최고의 스포츠심리기술이다

1995년 5월, 30대 초반 건강관리를 위해 집 근처에 위치한 검도
관을 우연히 발견하고 입문하게 되었다. 첫날부터 검도의 깊은 매력
에 푹 빠져 15년 동안 한결 같은 마음으로 수련에 정진하고 있다. 가
슴 두근거리는 첫 대회에 참가하여 1회전의 허무한 탈락으로부터 시
작하여 대부분의 대회에서 경기 초반을 극복하지 못하고 패배를 경
험하였다. 그러나 97년 검도수련 2년에 부산시검도회장기대회에 출
전하여 준우승의 감격적인 입상을 경험했다. 이 준우승을 계기로 검
도수련에 대한 더욱 강한 자신감과 긍지를 얻을 수 있었다. 그후 검
도수련의 강도는 점차적으로 강화되었고 다양한 시합에 참가하여 초
반에 강력한 우승후보와 조우하지 않았다면 대부분의 대회에서 입상
하는 성적을 올렸다.

지난 2006년 3월, 4단 승단이라는 작은 결실을 맺었고 2009년까
지 사회인검도대회에서 개인전 우승 4회, 단체전 우승 4회 및 많은
경기에서 입상하는 성적을 일구었다.

검도시합은 사회인들이 그 동안 굵은 땀방울과 노력을 쏟으며 성
실히 연마한 검도실력을 평가할 수 있는 좋은 기회면서 지속적으로
검도를 수련할 수 있도록 강한 에너지를 제공하는 긍정적인 동기가
된다. 그러나 시합 승패에 너무 치중하여 결과지향주의적인 목표에

집착하면 오히려 평생검도를 그르치는 단점도 내재함을 간과하지 말아야 한다.

검도를 수련한 유단자들은 시합에서 가장 시원스럽게 상대를 제압하는 공격 포인트가 '머리치기' 라는 것을 누구나 공감한다. 하지만 현실적으로 긴장되는 시합에서 역습의 부담을 감수하면서 멋진 머리공격을 성공시키는 경우는 자꾸만 줄어들고 있다.

실업선수와 엘리트(중, 고. 대학)선수는 물론 세계검도선수권대회에서 손목이나 허리의 역습에 대한 위험성 때문에 통쾌한 머리공격보다는 편하고 약간 안정적인 손목, 허리, 퇴격공격으로 승부를 결정짓는 비율이 갈수록 높아지고 있다. 그리고 공격적이고 적극적인 경기보다는 수비형 검도가 대세처럼 흘러가는 것도 여전히 아쉬움으로 남는다.

나도 다양한 사회인대회에 참가하여 많은 패배와 승리를 거두었지만 과감히 뛰어드는 머리공격보다는 안전한 수비형 검도를 지향하면서 퇴격머리와 손목으로 이긴 경우가 많았다. 그러나 검도의 다양한 공격기술 중에서 머리치기는 어려운 만큼 검도의 백미白眉라고 할 수 있다.

존경하는 도재화 선생님의 엄격한 가르침을 수행하면서 머리타격에 대한 기술을 충실히 연마하였으며, 이러한 머리기술은 경기에서 더욱 효과가 극대화되었다. 수많은 경기현장의 실천 경험에서 미력하나마 나름대로 습득하고 수행한 머리치기기술을 언급하고자 한다.

오랫동안 검도를 수련한 동문이나 선배사범들과 함께 2006년 전주시장기 단체전 우승과 지난 2009년 부산지방경찰청대회 4단부 개인전 경기 때 멋진 머리공격의 추억을 가끔씩 언급하며 경기 장면을 떠올린다. 지금도 그 장면들을 회상하면 말로 표현할 수 없는 감동이 가슴에 밀려온다. 그때 많은 관람객들도 머리치기의 큰 기술에 탄사를 아끼지 않았다.

경찰청장기 4단부 1회전에서 만난 상대는 20대 후반의 대학부 선수로 본인과 15년 이상 나이 차이가 있는 젊은 선수였다. 대부분 주변 관중들은 40대 중반인 이찬우가 수비형 검도를 치중하다가 결국 패배할 가능성이 짙다고 예측하였다. 하지만 대진표가 발표된 시합 일주일 전부터 어떻게 경기를 풀어 갈 것인지 심각한 고민을 거친 후 최종적으로 정면 돌파의 전략을 구상하였다. 정면 돌파의 전략에 따르는 전술은 적절한 기회를 포착하여 머리공격으로 승부를 결정지어야 한다는 것이다. 머리공격의 단호한 승부를 가슴속에 새기며 일주일 동안 열심히 머리타격 연습을 실행하였다.

경찰청장기대회가 열리는 당일 시합장에 일찍 도착하여 간단히 몸을 풀고 마음을 차분히 추스르며 장비를 착용하였다. 그리고 이번 대회에서 반드시 입상해야겠다는 굳은 의지를 다졌다. 드디어 주심의 '시작' 신호가 울리면서 긴장되는 첫경기가 진행되었다.

강한 기세를 담은 중단의 칼끝은 상대선수의 왼쪽 눈을 겨누고 흩어지지 않는 중심을 유지하였다. 그리고 상대의 기선을 제압하여 기술이 쉽게 일어나지 못하도록 기합을 크게 넣었다. 처음 1분 동안 중단의 기세에서 밀리지 않으려고 심신을 긴장시켜 정신집중을 하였다. 상대선수는 나의 강한 중단세를 흩뜨리고 공격의 기회를 잡기 위하여 짧고 빠른 발의 움직임과 함께 매서운 칼의 교차를 시도하였다. 1분정도 날카로운 경기흐름이 지난 후 상대와 적정거리를 유지하며 중단의 긴장을 약간 풀면서 상대의 경계를 느슨하게 유도하였다. 상대선수는 나의 경기리듬에 따라 고조된 집중력을 늦추며 무심코 일보를 전진하였다. 순간 빠르게 반발 정도 들어가면서 오른발을 크고 강하게 내딛는 느낌으로 정면머리를 겨냥하여 온 몸을 던지듯 크게 뛰어 들어갔다. 그는 반사적으로 칼을 들어 방어 동작을 취하였지만 반 템포 늦고 말았다. '퍽~' 주심과 부심들의 기가 동시에 올라가면서 명쾌한 1판승을 확인하였다. 개시선에 다시 돌아와 주심의 '2판째'라는 신호를 기다렸다.

젊은 선수는 남은 경기시간이 촉박했음을 인식하고 몹시 당황하였다. 1점을 만회하기 위하여 서둘러 공격 포인트를 찾아 거리를 계속 좁혀왔다. 그러나 공간적인 유효거리에만 급급했지 마음의 거리를 파악하지 못하였다. 여느 경기처럼 1:0의 1판승을 절대적으로 지키기 위하여 남은 경기시간을 전략적으로 수행하면서 흘러버릴 수 있었지만 나는 속으로 다시 과감한 머리공격의 타이밍을 노리고 있었다.

나의 짧은 거리 이동으로 적정한 공격거리를 유도했을 때 조급한 상대선수는 냉정한 판단력을 상실한 채 머리공격을 위하여 몸을 일으키려는 찰라 선의선 공격으로 머리를 강하게 타격하였다. 그러나 상대도 거의 동시에 머리치기를 수행하였다. '따, 닥' 거의 구별 없이 동시에 2번의 날카로운 울림이 펴졌다. 과연 누구의 공격이 성공했을까? 응원 하던 도장 동문들의 큰 환호소리에 나의 멋진 머리공격이 먼저 들어갔음을 알았다.

'일체유심조 一體唯心造!' 마음이 간절히 원하는 곳에 몸도 움직였다. 역시 경기에서 머리타격이 가장 검도의 깊은 맛이다.

경기에서 머리타격의 성공을 위해 다음과 같은 네 가지 조건을 명심해야 한다.

첫째: 강한 중단세가 요구된다.

　　언제든지 상대의 빈틈을 파악했을 때 즉시 머리로 뛰어 나갈 수 있는 준비가 되어야 한다. 중단세가 약하거나 무너지면 머리치기를 성공할 수 없다.

둘째: 상대와의 기세 싸움에서 이겨야한다.

　　큰 기합보다는 단전에서 우러나오는 굵고 깊은 기합이 효과적이다. 강한 중단세에서 상대를 제압하는 기합과 기세가 있어야 한다.

셋째: 든든한 하체의 힘이 중요하다.

　　머리공격 때 순발력을 가지고 오른발을 들어 상대의 왼발을 밟는 기분으로 뛰어 나가야 한다. 특히, 부지런히 공격거리와 틈을 찾기 위하여 빠른 발이 필요하다. 그러나 사회인들은 평소 실내 근무나 운전을 많이 하기 때문에 운동량이 부족하여 하체 힘이 약하다. 시합이 진행될수록 하체의 힘이 빠지고 다리의 움직임이 현저히 둔해진다. 그러므로 경기에서 왕성한 머리공격을 위해 수련뿐만 아니라 일상에서도 충분히 하체단련에 노력을 기울여야 한다.

넷째: 강한 정신력이 필요하다.

검도를 수련하는 사회인들의 시합의 승패는 강한 정신력이 요구된다.

충분한 연마의 시간과 운동량이 부족한 일반인들은 상대를 기필코 제압하겠다는 강한 정신력이 없다면 긴박한 경기에서 극적인 승리를 잡기가 어렵고 가벼운 포인트를 따기 위한 경기 수준에 머물고 말 것이다.

부디 평생검도를 지향하는 검우들은 시합에서도 수비형 검도보다는 큰칼, 멋진 머리타격으로 승리하는 기회가 많기를 기대한다.

key point _ 철저한 중단세, 왕성한 기백, 건강한 하체, 강한 정신력, 목표의식

겨룸

상대의 움직임을 주의집중하여 주시한다.

전진

상대선수가 공격 기회를 얻기 위해 1보 전진한다.

머리공격

상대선수의 전진과 동시에 빠르고 짧게 1보 나가면서 왕성하게 머리타격을 시도한다.

머리

거의 동시에 상대선수도 머리 공격을 시도하지만 간만의 차이로 나의 죽도가 상대 머리를 먼저 타격한다.

스포츠 심리 분석

선수들이 검도대회를 준비하면서 경기력을 극대화시키기 위하여 체력, 기술과 심리기술을 충분히 갖추어야 한다. 오늘날 선수들은 과학의 발달로 인하여 체력과 기술 훈련의 수준은 거의 평준화가 되어 가지만 스포츠심리기술에는 상당한 차이를 보이고 있다. 특히 민감한 검도대회를 수행하면서 경쟁심리를 활성화시키지 못하면 강한 체력과 높은 기술의 기량을 완전히 발휘할 수가 없다. 그러므로 우수선수가 되려면 반드시 스포츠심리기술에 대한 관심을 가지고 체력과 기술 단련과 평소에 심리훈련을 수행하여 대회에서 실력을 최대로 발휘할 수 있도록 노력해야 한다.

우리나라의 운동선수와 코치들은 경기를 수행하면서 가장 중요한 심리기술에 대한 중요성을 언급하면서 자신감, 집중력, 불안조절, 동기와 함께 목표설정을 제시하였다. 현장에서 직접 경기수행을 하는 선수들은 목표설정을 더욱 중요한 심리기술로 인정하고 있다. 선수들이 대회를 대비하여 열심히 훈련하는 것이 중요하지만 목표가 전혀 설정되어 있지 않거나 막연하고 추상적인 희망보다는 경기에서 달성하고자 하는 목표를 구체적으로 계획하는 것이 가장 바람직한 방법이다. 구체적인 목표의식이 뚜렷하면 선수들에게 강한 동기를 부여한다. 결과적으로 불안, 초조, 긴장, 부정적인 예측 등 부정적인 경기심리를 극복하고 동기, 자신감과 강한 의지력이 촉진되어 효과적인 훈련과 안정된 경기수행을 통해 최고 기량을 발휘할 수 있다.

제4장
검도의
이론

검도劍道이론

지금까지 거의 20년 동안 검도를 사랑하는 마음을 잃지 아니하고 변함없이 검도수련에 정진하면서 자신의 검도 깊이와 배움의 한계에 고민을 거듭하였다. 등하불명燈下不明인가! 자신의 좁은 아집我執 속에 갇히어 향상 곁에 펼쳐진 더 넓은 길을 보지 못하였다.

처음에는 제4장을 단순히 심사를 대비하는 검우들에게 학과시험을 위한 기초 자료로 활용하였으면 하는 바람에서 기술하였다. 그러나 이 책을 집필하면서 문득 머릿속으로 혜안의 깨달음이 스쳐갔다. 검도이론은 긴 세월을 거치면서 수많은 시행착오의 현장 경험을 충분히 반추反芻한 후 올바른 검도수행을 위하여 가장 중요한 검도의 본질을 응축시켜 체계적으로 설명한 것이다. 그러므로 지금부터 검도이론을 단순한 지식의 축적이나 타성적인 인식을 위하여 익힐 것이 아니라 검도이론의 내용을 새로운 시각에서 이해하고 실천한다면 검도의 뉴으 더욱 밝아질 것이다.

검도를 사랑하는 검우들이여! 배움의 한계를 극복하고 진보된 가르침을 얻기 위하여 검도이론에 축적된 심오한 가르침을 곰곰이 음미하고 되씹어 검도수련에 철저히 적용하기를 바란다.

　　검劍의 본질은 날카로운 칼을 사용하여 상대를 살상함에 그 원초적 본질을 두고 있다. 검사들은 검을 수련하는 과정에서는 과감한 결단과 용기있는 행동이 요구된다. 그러나 오늘날 검도수련은 검 본래의 용도인 살상에 그 목적이 있는 것이 아니라 심신을 수련하여 진정한 자아를 찾는 건강한 문화로 정착하고 있다. 따라서 현대 대중문화의 흐름 속에서 검도의 정의는 '검도란 검의 이치를 통한 인간수양이다.' 다시 말하면 검은 신체적인 단련과 자기완성을 위하여 인간본성을 수양하는 도道의 수단이다.

　　비록 역사의 흐름과 함께 오랫동안 전승되어온 검의 전통적인 필요성과 실용성이 시대의 변천에 따라 유동적으로 재평가되고 있지만 여전히 검의 내재적 속성은 예민함과 위험성을 갖추고 있다. 그래서 검도수련에 있어서 신중성과 겸허한 마음가짐의 자세가 절대적으로 유지되어야 한다. 뿐만 아니라 '검도수련은 자신의 일상적인 삶의 자세를 더욱 정직하고 건전하게 유도하는 수신修身의 가치를 갖게 하는 것이다' (최병철(1992).

평소 많은 일반인들이 검도수련을 통하여 빈틈없이 통제된 일상적 삶의 긴박한 굴레로부터 벗어나는 카타르시스적 해방과 짜릿한 긴장감을 충분히 즐기고 있다. 그리고 인내심과 겸허함의 수양은 각박한 삶의 다양한 장애를 극복하고 재충전의 에너지를 넉넉히 채워주고 있다. 검도수련의 과정에 내포된 특유의 속성인 인내심. 용기. 결단력. 겸손 등은 사회생활에 있어서 올바른 인간행위를 실천하기 위한 품위와 인격의 수양에 결정적인 역할을 하고 있다. 검도수련이 추구하는 의미를 '육체적인 수련을 통한 정신적인 안정에 있다.' 즉 검도의 최종적인 이념은 육체적인 수련의 극기과정을 통하여 수양인修養人을 추구하는 것이다(이종원, 1995).

오늘날 첨단화된 산업사회의 경쟁적 환경 속에서 물질적인 풍요에 의한 편리와 이기주의 팽배로 인하여 신체적인 허약함과 인간성의 결여는 개인적인 문제를 넘어 심각한 사회적인 가치 혼란의 수준에 도달하고 있다. 검도를 수련하는 것은 현대사회에 존재하는 이러한 퇴보된 신체와 왜곡된 정신을 올바르게 일으켜 전인적인 인간수양을 연마하는 점과 상통한다. 그러므로 검도수련의 현대적 의미를 찾는다면 몸과 마음을 올바르게 연마하여 도덕적 윤리적 인간상을 교육하고 형성하는데 진정한 목적이 있다고 할 수 있다.

검도의 목적

인간은 사회적 동물이다. 인간이 사회생활을 하는데 있어서 가장 중요한 것은 건강한 신체, 건전한 정신 그리고 자기완성이다. 그러므로 검도를 수련하는 목적은 이러한 인격형성에 있다.

검도 수련 목적	1. 심신단련
	2. 정신수양
	3. 자기완성
	4. 검도기술의 연마

4-03 검도지도자의 자질

검도에서 지도자의 역할은 검도가 올바른 방향으로 나아가고 발전하는데 중요한 토대가 되며 검도의 올바른 가치와 이미지를 형성한다. 그리고 지도자의 이러한 역할은 수련자뿐 아니라 일반인들에게 상당한 영향을 미친다.

검도지도자가 갖추어야 할 덕목은 다음과 같다.
1. 지속적인 검도수련을 통해 기능을 향상시키려는 자세를 유지
2. 올바른 검도철학의 확립
3. 항상 연구하고 공부하는 자세
4. 선배의 유지와 업적을 계승, 발전시키려는 자세
5. 제자를 올바르게 양성하고 제자들끼리 교류하게 하는 자세
6. 수련자들에게 애정과 성실한 태도로 지도

부동심 不動心

외부의 충격적인 상황이나 내면의 갈등에 대하여 심리적인 동요를 전혀 일으키지 않고 마음의 평정 平靜을 유지하는 정신력을 말한다. 부동심은 불가 佛家에서 수행하는 높은 수준의 정신세계를 말하는 것이다. 검도수행을 통하여 어떠한 상황에서도 마음의 동요 없이 이러한 수준을 달성하기 위해서는 끊임없이 심신의 수련을 거쳐야 가능할 것이다.

평상심 平常心

평상심이란 내외적으로 동요가 전혀 없는 평온한 상태를 말한다. 이런 마음은 자신을 버리는 무아 無我의 경지이며 현명한 판단을 할 수 있고 모든 행동에 거침이 없다. 그리고 자연스럽고 적극적일 수 있는 원천적인 심리상태이다. 이것은 궁극적으로 검도수행에 심리적인 목적일 수도 있다. 평상심은 검도의 4병 四病을 극복할 수 있고 자신의 허점을 노출시키지 않는 마음의 이상적인 심리상태이다.

기.검.체 氣劍體 일치 一致

공격동작을 효과적으로 수행하기 위한 개념이다. 주로 이상적인 격자동작에 대한 가르침을 표현한 설명이다.

기 氣는 충실한 기력, 기합, 기세, 의욕을 말하는 것, 검 劍은 죽도 (검)를 타격하는 것, 체 體는 몸의 움직임과 자세를 말한다. 그러므로 기.검.체 일체란 이 세 가지가 이상적으로 타이밍에 맞게 일체가 되어 타격하는 것이다. 타격할 때 뒷발이 앞발 뒤로 따라 붙어야 기.검.체 일체라고 할 수 있으며 경기에서 1판의 조건이 된다.

현대일치 縣待一致

공방불이 攻防不二, 공방일치 攻防一致라고도 한다. 즉, 공격과 방어는 구분되어 수행하는 것이 아니라 동시적인 행동이다. 방어의 동작 속에는 공격의 기회를 담고 있어야 하고 공격의 실천 속에는 방어의 대비가 내재하고 있어야 한다. 검도는 순간적인 기술을 구사하는 운동이다. 그러므로 검도수행에 있어서 공격과 방어를 구분하여 수행한다면 효과적인 결과를 얻기가 어렵다.

검도 본*의 필요성

검도 본은 검도의 기술 중에서 가장 기본적인 격자법으로 예의, 자세, 거리. 공격, 격자, 기합, 존심, 기술 등을 집약하고 있다.

본을 수련하면 다음과 같은 효과가 있다.
1. 바른 예법과 자세 및 침착한 태도가 몸에 익혀진다.
2. 감각이 민감하여 상대의 움직임이나 의도를 파악할 수 있다.
3. 나쁜 습관을 교정하고 칼날을 바르게 하여 격자를 정확하게 할 수 있다.
4. 기합이 좋아지고 기백이 충실해진다.
5. 동작이 기민해진다.
6. 적정 거리를 파악하게 된다.
7. 격자가 정확하게 된다.
8. 지속적으로 수련하면 기품과 풍격이 좋아진다.
9. 검의 원리를 이해한다.

거리

2사람이 검을 겨룸 상태에서 마주 섰을 때 상호간에 공격할 수 있는 간격을 말한다.

2사람이 겨룸 상태에서 대치했을 때 물리적으로는 동일한 거리지만 심리적인 상태에 따라서 서로가 판단하는 거리의 폭은 달라질 수 있다. 지속적인 검도수련을 통하여 정확한 거리감각을 체득하게 되면 공격과 방어의 기회를 알게 되고 유효한 격자를 통하여 올바른 1판을 얻을 수 있다.

1. 일족일도 一足一刀의 거리

   상호 겨룸상태에서 죽도 선혁이 약간 겹쳐진 거리로 일보를 전진하면 상대를 격자가 가능하고, 일보 물러서면 상대의 격자를 벗어날 수 있는 거리로서 공격과 방어의 전환점이다.

2. 먼거리 遠間

   죽도의 선혁이 떨어진 상태이며 일보 전진하여 격자하여도 공격거리가 되지 못하는 거리이다.

3. 가까운 거리 近間

   죽도의 중혁을 전후로 하여 죽도가 서로 깊게 겹쳐진 상태이며 반보 정도 전진하여도 공격이 가능한 거리이다. 혹은 상대를 격자하는데 거의 거리이동 없이 유효격자가 가능하므로 위험한 거리이다.

수파리 守破離

검도수련에는 다음과 같은 3단계가 있다.

1. 수 守

검도에 입문하여 선생님의 가르침을 열심히 수련하고 그 가르침을 성실히 지키며 수련하는 것이다.

2. 파 破

수守의 단계에서 오랫동안 수련을 쌓은 후 다른 선생님의 가르침을 받으면서 기존의 수련 방법에 고착화되지 아니하고 파 破한 후 자유자재의 수련을 하는 것이다. 그러나 지금까지 배운 것에 집착하지 않는 것이지 모두 것을 무시하는 것은 아니다.

3. 리 離

검도수련의 최후 단계이다. 리의 수준에서는 수, 파의 단계에서 배운 것으로부터 떠나서 자기만의 독특한 검도를 수행하는 자유로운 경지를 말한다. 리의 단계에서도 방향 없이 자기마음대로 수련하는 것이 아니라 수, 파의 체험을 기초로 그 이상 높은 수준의 자유로운 경지로 나아가야 한다.

검도의 4계 四戒(四病)

검도의 승부에 있어서 패배의 원인을 불안정한 심리에 두고 있으며 이 4가지 말로 경계로 삼아 매일 마음의 수양을 해야 한다. 검도를 수행하면서 검사들이 4가지 경계해야 하는 것을 의미한다.

놀람(경驚): 예기치 못한 상황으로 인하여 유발되는 심리적 충격을 의미한다. 한곳에만 주의집중을 쏟기보다는 적절한 주의배분에 의해 잠재적인 상황을 미리 예측하고 있어야 한다.

두려움(구懼): 상대의 외형적인 모습이나 왕성한 기세에 두려움을 느끼고 심리적으로 위축되는 것. 부정적인 심리를 긍정적인 상황으로 감정 전환시켜 검도수련에 좋은 기회로 삼는다.

망설임(의疑): 상대의 동작에 의심을 가져 빈틈이 생겨도 즉시 공격을 못하는 상황이다. 즉 공격 직전에 역습의 가능성을 의심하면서 우유부단하게 결단을 하지 못하고 마음의 혼란이 일어나는 것이다. 평소에 자신만의 충분한 타이밍을 연구하여 기회가 오면 과감하게 뛰어들어야 한다.

당황(혹惑): 어떻게 행동할 것인가를 순간적으로 결정하지 못하고 심리적으로 혼란스러운 상태. 과잉의 각성. 흥분에 의하여 마음의 평정심을 잃고 혼란스러운 상태이다. 긴장, 불안 등으로 인하여 부정적인 각성이 상승하면 신체가 경직되어 동작의 강약 리듬이 없어지고 판단력이 흐려져 순발력이 떨어지므로 차분한 마음으로 각성을 낮추어야 한다.

삼살법 三殺法

삼살법이란 상대의 칼劍을 죽이고, 기술技術을 죽이고, 기氣를 죽이는 것을 말한다.

즉, 상대의 공격이 감히 일어나지 못하도록 기선을 제압하여 효과적으로 승리할 수 있는 3가지 방법이다.

칼을 죽인다는 것은 상대의 칼을 좌, 우로 누르거나 제치는 방법으로 상대죽도의 검선을 죽이는 것을 말한다. 기술을 죽인다는 것은 항상 선先의 기세로 기선을 제압하여 공격을 계속함으로서 상대의 기술이 일어나지 못하게 하는 것이다. 기를 죽인다는 것은 충만한 기세를 유지하여 당당한 기백으로 상대의 기세를 제압하는 것을 의미한다.

선先의기술技術

1. 선의선先의先

상대의 공격이 시작하려는 순간 먼저 공격을 한다.

2. 대등의선對等의先

상대의 공격과 동시에 공격하여 상대의 공격을 무력화시키고 나의 공격을 성공시킨다.

3. 후의선後의先

상대가 공격하는 것을 무력화시킨 후 공격하는 기술이다.

연격의 효과

연격은 검도수련의 기본동작으로 다음과 같은 효과가 있다.

1. 민첩성: 동작이 빨라진다.

2. 체력의 증강: 체력이 강해진다.

3. 지구력: 폐활량의 증가와 지구력이 늘어난다.

4. 기력: 기력이 왕성해진다.

5. 자세: 자세가 좋아진다.

6. 타격: 타격이 강해진다.

7. 죽도사용: 죽도사용의 숙달 및 손, 발의 운용이 좋아진다.

8. 거리감각: 거리 감각이 정확해진다.

존심 存心

존심은 마음에 두고 잊지 않음을 의미하는 것으로 반대말은 방심 放心이다.

방심은 마음을 집중하지 않고 놓아버린 상태를 말한다.

존심은 방심하지 않은 마음을 말하는 것으로 상대를 공격한 후 재역습의 가능성에 대비하기 위하여 지속적으로 주의를 집중하고 있음을 의미한다. 그러므로 존심은 검도경기에 있어서 공격 후 뿐 아니라 공격 중이나 공격 전에도 항상 요구되는 정신 집중력이다.

담력정쾌 膽力精快

상대와 경쟁할 때 가장 중요한 것을 순서대로 열거한 것이다.

1. 담 膽: 두려움이 없는 당당함 마음을 의미한다. 큰 승부일수록

대담해야 한다.

2. 력 力: 힘을 말한다. 신체에서 발생되는 물리적인 힘뿐만 아니라 검도수련을 통하여 칼을 쓰는 힘을 말한다.

3. 정精: 정수精修, 정밀精密을 의미한다. 빈틈없이 제자리를 찾아가는 정교한 기술을 말한다.

4. 쾌快: 빠름을 말한다.

담력정쾌는 바르고 굳센 마음으로 수련하여 힘을 얻고 정밀한 기술로 신속히 상대를 공격하는 것이 올바른 무예의 수행임을 가르치는 고사다.

심판원의 마음가짐

경기에서 심판의 구성은 심판장, 주임심판, 심판원(주심1명, 부심2명)으로 구성한다.

심판원은 경기장에서 정확하고 공정하게 판정을 수행해야 하며 다음과 같은 마음가짐이 요구된다.

1. 경기진행을 공정하게 수행해야 한다.

2. 규정된 복장을 단정하게 착용하고 자세는 바르게, 태도는 엄정해야 한다.

3. 유효격자를 정확하게 판단한다.

4. 선고는 명확하고 즉시 내린다.

5. 심판의 경기요령을 충분히 숙지하여 정확하게 운영할 자세를

갖춘다.

6. 검도수련을 열심히 한다.

7. 승패는 한순간에 발생하므로 선수와 같은 마음으로 경기에 집중해야 한다.

8. 심판기술의 숙달과 함께 심판을 수행하면서 항상 반성과 검토를 통하여 심판능력을 향상시키려는 마음을 가진다.

9. 훌륭한 심판에게 보고 배우는 자세를 가진다.

틈(극, 隙)

틈이란 완전한 형태에서 사이가 벌어지거나 균형이 깨어진 상태를 의미한다. 상대와 대적하면서 빈틈을 노리거나 역동적인 움직임 속에서 틈을 만들어 공격할 때 승패를 좌우할 수 있다.

1. 마음心의 틈

상대를 대적하는 상황에서 부정적인 경쟁심리(불안, 긴장, 초조, 두려움, 망설임 등)가 유발되어 왕성한 경 쟁 의욕을 상실하면서 상대에게 공격의 기회를 제공하여 패배의 원인이 되는 것이다.

2. 자세姿勢의 틈

경쟁에서 불안과 두려움과 함께 과잉의 각성, 흥분, 긴장 등이 일어나면 주의집중이 좁아진다. 결국 전체적인 흐름을 주시하지 못하고 한곳에만 신경을 집중함으로서 신체가 경직되고 흐트러져 역동적인 대응이 어렵거나 자세의 빈틈을 노출시킨다.

3. 동작動作의 틈

상대에게 공격을 하기 위하여 동작을 일으킬 때나 끝나는 순간에 오히려 상대에게 공격의 기회를 제공하는 동작의 허점이 노출된다. 특히 경기에서 공격을 하고나서 존심存心을 유지하지 않을 경우 동작의 틈이 생긴다.

방심放心과 지심止心

방심이란 '마음을 다 잡지 않고 놓아 버린다'는 의미이다. 상대와 대적할 때 어느 한 부분에만 모든 마음을 집중하지 않고 전체 경기흐름을 파악하면서 어떤 상황이 발생되었을 경우 즉시 대응할 수 있는 마음의 상태이다.

지심이란 '마음이 머문다'는 뜻으로 경쟁에서 불안, 긴장, 초조, 과잉 각성 등에 의해 부정적인 심리가 발생되면 전체적인 판단력보다는 온 신경을 한 상황에만 집착하기 때문에 상대에게 빈틈을 노출시킬 수 있는 경우이다.

일안一眼. 이족二足. 삼담三膽. 사력四力

검도는 죽도의 길이(120cm이내)가 있기 때문에 겨눔 상대에서 곧바로 상대를 공격할 수 있는 거리가 적절하지 않다. 그러므로 선혁을 지나서 거의 중혁까지 접근한 후 타격이 가능하다. 이때 가장 중요한 것은 상대방으로부터 공격을 받지 않고 안전하게 유효거리로 접근하는 것이다.

안전한 유효거리를 확보하기 위하여 우선 눈으로 상대의 움직임을 정확히 관찰(一眼)한 후 신속히 일족 전진하여(二足) 상대의 반응에 따라서 나의 정신력으로 행동을 결정(三膽)하고 기량을 충분히 발휘하여 타격을 한다(四力). 상대를 타격하는 것은 이러한 전 과정이 적절하게 갖추어졌을 때 수행한다. 그러나 초보자일수록 타격을 우선적으로 시도하려고 한다.

자연체 自然體

자연체는 죽도를 잡고 이동하거나 상대와의 겨눔에서 가장 기본이 되는 자세로서 자장 자연스럽고 안정감이 있는 상태를 말한다. 이 자세는 상대를 겨누면서 이동하거나 상대의 동작에 대하여 민첩하고 순발력 있게, 그리고 정확히 대응할 수 있는 자세이다. 구체적인 방법은 다음과 같다.

1. 목덜미를 세우고 턱을 당긴다
2. 양어깨를 자연스럽게 내리고 수평을 유지하며 등줄기를 편다
3. 허리를 세우고 단전에 약간 힘을 준다
4. 양 무릎은 펴고 중심을 약간 앞에 둔다
5. 눈은 전방 전체를 바라본다

유효격자

유효격자는 충실한 기세, 바른 자세로 죽도의 격자부위로 상대의 격자부위를 정확하게 격자하고 반드시 존심이 있어야 한다(검도경기 규칙 제12조). 그러나 피격자자의 칼끝이 상대의 상체 전면에 찌르듯이 닿아 있으면서 그 기세, 자세가 충실하다고 판단될 경우에는 그 격자를 유효로 인정하지 않는다(제12조 세칙 2항).

곽낙현(1998). 조선시대 도검에 관한 연구. 용인대석사논문.

교양국사연구회(1986). 「이야기 한국사」 청아.

국사 편찬 위원회(2004). 고등학교 국사. 교육인적자원부.

김성옥(2003). 「스포츠 행동의 심리학적 기초」 태근.

김영학(1999).한국체육사 영역에 따른 검술 및 검도의 발달과정에 관한
　　　연구. 명지대학교, 박사학위논문.

김영학, 허건식, 이인희(1998). 일제시대의 검도에 대한 의미.
　　　용인대학교 무도연구지, 제9집, 제1호,

김영선(2001). 근대5종 선수의 심리적 기술 특성. 한국체육학회지,
　　　제40권, 제3호, pp.161-169.

김우겸(1988). 「호흡생리학」 서울: 도서출판 생명의 이치.

김재일(1990). 「검도총서」 서민사.

김진구, 정상택(1999). 「이야기로 만나는 스트레스 서울: 형설출판사.

김흥백(2005).자기통제 피드백의 제시 유형에 따른 골프퍼팅기술의 학습
　　　효과. 한국스포츠리서치. 재16권 3호, 통권 90호, pp. 595-604.

나영일(1992). 조선조의 무사체육에 관한 연구. 서울대 박사학위논문.

나현성(1970). 「한국학교체육제도사」 도서출판 교육원.

니토베 이나조(2004). 「사무라이 생각의 나무.

대한검도회(2006). 「검도이론」

동아세계대백과사전 편찬위원회(1990). 동아세계대백과사전,
        동아출판사. p.107-114.

러셀 자코비(2006). 「유토피아의 종말」모색.

Richard Armour(2000). 「모든 것은 돌멩이와 몽둥이로부터
        시작되었다」시공사.

만프레트 마이(2003). 「이야기 세계사」웅진 지식하우스.

박노자(2005). 「나는 폭력의 세기를 고발한다」인물과 사상사.

박정화(2000). 「문화와 철학」동녘.

서영대(1989). 검도학문, 대한검도회. p.22-23.

송일훈. 김재우(2005). 신라시대 화랑도에 나타난 상무정신과 일본
        무사도의 기원에 관한 연구. 한국스포츠리 서치. 제15권 7호,
        통권 89호, p.487-495.

안재훈(1998). 「철학여행」새날.

오이마쓰 신이치(老松信, 1976) 「柔道百年」時事通信士. p.20.

윤기운(2007). 운동수행 향상을 위한 혼잣말 전략개발.
        한국스포츠심리학회. 제18권, 제2호, p.75~91.

이규호(1998). 「말의 힘」좋은날.

이강헌. 구우영. 정용각(2005). 「운동행동과 스포츠 심리학」대한미디어.

이덕일. 이희근(1999). 「유물로 읽는 우리역사」세종서적.

이봉건(2001). 명상과 바이오피드백에 대한 동서 심리학적 고찰.
        충북대학교.

이상현(1996). 「역사, 그 지식의 즐거움」일송미디어.

이윤복(2006). 문화민주주의에 대한 다각적 논구.

이종구(1992). 동아세계대 백과사전(검도편), 동아출판사, p.187-188.

이종림(1988). 한국 고대검도사 연구, 성균관대 석사논문.

이종림(2006). 「검도교본」삼호미디어.

이종원(1995). "검도 이념에 관한 관견管見". 대학검보회보 1995 봄호.
    한국대학검도 연맹.

이진수(1997). 「일본무도 연구」무학출판사.

이진수(2004). 「동양무도연구」한양대출판부.

이지수(2001). 「한국체육사상사」한양대학교 출판부.

이현우(2006). 호흡이완훈련기법이 골프선수들의 경쟁상태불안 및
    스트레스호르몬에 미치는 영향. 한국스포츠 리서치. 제17권 5호,
    통권 98호, p.1203-1212.

E.H. Carr(1995). 「역사란 무엇인가」일신서적출판사.

임영무(1987). 「한국체육사신강」서울: 교학연구사.

임철호(2009). 「유쾌한 스포츠심리」종문화사.

장수한(1992). 「역사 에세이」동녘.

전국역사교사모임(1998). 「미술로 보는 우리 역사」푸른나무.

정재철(2002). 저널리즘 비평. 통권 제33호. 한국언론학회.

정청희, 김병준(1999). 「스포츠심리학의 이해」서울: 금강.

최병철(1992). 무도정신과 검도, 그 철학적 모색.
    23회 추계 전국 대학 검도 연맹전 세미나.

최영곤(1995). 단전호흡 수련이 불안, 심박수, 혈압, 혈중지질,
    뇌파에 미치는 영향. 부산대학교 박사논문.

표내숙(2007). 보강적 피드백과 인지적 노력에 관한 고찰.
    한국스포츠리서치. 제18권 1호, 통권100호, pp.191-200.

하형주(1996). 스포츠지도자의 대응가치 리더십 검사지 개발과 지도유형

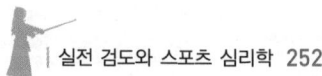

분석. 성균관 대학교 대학원 박사학위 논문.

하형주(2009). 「코칭론」동문출판기획.

한국산업사회학회(2004). 「사회학」한울아카데미.

한명우(1996). 엘리트 유도선수들의 최고경기력 발현시와 심리요인분석. 체육과학연구. 7(1), pp.18-30.

한명우(2006). 심리지술훈련. 스포츠과학. Vol.97. P57~66.

謝世輝(1986). 세계사를 서양인의 눈으로 보지 말고 동양인의 눈으로 보자. 한국경제신문사.

Acton(1906). Lectures on modern history. p.318.

Chroni, S.(1997). Effective verbal cues make the skier's and coach's lives easy, American Ski Coach, 1813-14,19.

Cox, I R. H.(1994). Sport Psychology Concept and Applications. Brown Benchmark Publishers.

Deci, E.L., & Ryan, R.M.(1985). Intrinsic motivation and self-determination in human behavior. NY: Plenum.

Dr. Kitson Klark(1962). The making of victorian England. Easterbrook, J.A.(1959). The effect of emotion on cue utilization and organization behavior. Psychological review.

Foster, J., & Porter, K.(1986). The mental athlete. Inner training peak performance. Janeart, Ltd.Gould, D., & Krane, V.(1992). The arousal athletic performance relationship: Current status and future directions. In T. S. Horn(Ed.), Advances in sport psychology Champaign, IL: Human Kinetic Publishers.

Hanin, Y.L.(1980). A study of anxiety in sports. In W. F. Straub (Ed.), Sport Psychology: An analysis of sport behavior. Ithaca, NY. Mouvement.

Hardy, L.(19990). A catastrophe model of performance in sport. In J.G. Jones & L. Hardy(Eds.), Stress and performance in sport. Chichester, England: Wiley.

Harris, D.V.(1986). Relaxation and energizing technique for regulation of arousal. In J. M. Williams(Ed,). Applied sport psychology, Mayfield Publishing company.

Jacobson, E.(1931). Electrical measurements of neuromuscular states during mental activities. American Journal of Physiology, 96, 115-121.

Janelle, C.M., Barba, D.A., Frehlich, S.G., Tennant, L.K, & Cauraugh, J.H.(1997). Maximizing performance feed-back effectiveness through videotape replay and a self-controled learning environment. Research Quarterly for Exercise and sport, 68, pp. 269-279.

Landers, D.M., & Boutcher, S.H.(1986). Arouse performance relationships. In J. M. Williams (ED.), Alllied sport psychology: Personal growth and peak performance. Palo Alto, CA. Mayfield.

Locke, E.A.(1986a). The relationship of intentions to level of performance. Journal of Applied Physiology.

Locke, E.A.(1986b). Toward a theory of task motivation incentives. Organizational Behavior and Human

Performance.

Mahoney, M.J., & Avener, M.(1977). Psychology of the elite athlete: An exploratory study. Cognitive Therapy and Research.

Martens, R.(1987). Coaches guide to sport psychology. Champaign, IL: Human Kinetics.

Nicholls, J.G.(1989). The competitive ethos and democratic education. Cambridge, MA: Harvard University Press.

R. Collingwood(1946). The Idea of History. p. xii.

Sage, G.H.(1977). Introduction to motor behavior: A neuropsychological approach. Reading, MA: Addion-Wesley.

Smith, K.L.(1990). Dance and imagery. Journal of Physical Education, Recreation and Dance, Feb., 17.

Suinn, R.M.(1988). Psychology and sport performance: Principles and applications. In R.M. Suinn(Ed.), Psychology in sports: Methods and applications(pp. 26-36). Minneaplois, Minn.: Burgess.

Teric Orlick & Partington(1988). Mental links to excellence. The Sport Psychologist.

Veale, R.S., & Walter, S.M.(1993). Imagery training for performance enhancement and personal development. In J.M. Williams(Eds.), applied sport psychology: Personal growth to peak performance(200-224). Mayfield.

Weinberg, R.S. & Gould, D.(1993). goal setting in sport and exercise: A reaction to Locke. journal of Sport & Exercise Psychology.

Weiner, B.(1992).An attribution theory of motivation and emotion. NY: Springer-Verlag.

Widmeyer, W.N. 외2(1993). Group cohesion in sport and exercise. In R.N. Singer, M. Murphey, & L.K. Tennant (Eds.), Handbook of research on sport psychology. New York: Macmillan.

Williams, J. M., & & Leffingwell, T. R.(1996). Cognitive strategies in sport and exercise. In J. L. V. Raalte & B. W. Brewer(Eds.) Exploring sport and exercise psychology. American Psychological Association. Washington, DC.